HEYNE <

D1927507

Felix Anschütz
Nico Degenkolb
Krischan Dietmaier
Thomas Neumann

ENTSCHULDIGUNG, WO GIBT'S HIER PASSIONIERTE TOMATEN?

DEUTSCHLAND IM O-TON

Wilhelm Heyne Verlag
München

Der Inhalt der einzelnen belauschten Szenen spiegelt nicht die Meinung der Autoren oder des Verlags wider. Um die Anonymität der belauschten Personen zu gewährleisten, wurden alle Namen geändert.

Große Teile dieses Buches sind bereits in den Einzelbänden *»Entschuldigung, sind Sie die Wurst?«*, *»Nee, wir haben nur freilaufende Eier«* und *»Entschuldigung, wo geht's hier geradeaus?«* erschienen. Darüber hinaus enthält dieser Band zahlreiche neue Belauschnisse.

FSC
www.fsc.org
MIX
Papier aus verantwortungsvollen Quellen
FSC® C014496

Verlagsgruppe Random House
FSC® N001967
Das für dieses Buch verwendete FSC®-zertifizierte Papier *Holmen Book Cream* liefert Holmen Paper, Hallstavik, Schweden.

Taschenbuchausgabe 09/2015

Umschlaggestaltung: Eisele Grafik-Design, München, unter Verwendung der Illustrationen von Lucia Götz
Druck und Bindung: GGP Media GmbH, Pößneck
Printed in Germany 2015
ISBN: 978-3-453-60335-6

www.heyne.de

Inhaltsverzeichnis

VORWORT

Das Buch, das Sie gerade in Ihren Händen halten, ist Teil einer Geschichte (oder, besser gesagt, Zehntausender Geschichten), die eines Morgens im Jahr 2006 in einer Studentenküche in Augsburg ihren Anfang nahm. Dort beschlossen wir, das sind Felix, Nico, Krischan und Thomas, dazumal Mitbewohner einer gemeinsamen Studenten-WG, eine Internetseite ins Leben zu rufen, auf der wir lustige, unterhaltsame, originelle und rein zufällig aufgeschnappte Gesprächsfetzen und Kurzdialoge aus dem öffentlichen Sprachraum sammeln wollten. Noch am selben Abend ging belauscht.de online.

Wir fingen an mit unseren eigenen »Belauschnissen«, doch schon nach wenigen Tagen erhielten wir Unterstützung von Lauschern aus dem ganzen deutschsprachigen Raum. In fast zehn Jahren haben sich auf belauscht.de Zehntausende kleine Geschichten angesammelt, die uns von treuen Lesern aus Deutschland und der ganzen Welt zugesendet wurden. Entstanden ist daraus eine riesige und einzigartige Sammlung witziger, schräger, verrückter, überraschender und manchmal auch nachdenklicher Anekdoten, deren Originalität, Authentizität und Kurzweiligkeit uns nach wie vor in ihren Bann ziehen. Und scheinbar nicht nur uns. Die kleinen Geschichten aus dem echten Leben fanden schnell so großen Anklang, dass wir 2009 mit Unterstützung des Heyne Verlags in »Entschuldigung, sind Sie die Wurst?« die ersten Belauschnisse in Buchform veröffentlichen konnten.

Nach dem unverhofften Erfolg des ersten Bands, der sich wochenlang in den Top Ten der Bestsellerliste hielt, folgten 2010 und 2012 zwei weitere Belauscht-Bücher.

Belauscht.de hat nun nahezu eine Dekade hinter sich, ein durchaus stolzes Alter für ein Hobby-Internetprojekt und ein wunderbarer Anlass für eine Bestandsaufnahme: Mit diesem Buch wollen wir auf über 400 Seiten die besten Geschichten der drei Belauscht-Bände und die bisher ungedruckten Lieblinge der Fans unserer Website zwischen zwei Buchdeckeln vereinen.

Falls Sie mit diesem Buch das erste Mal etwas von belauscht.de hören, ist es der ideale Einstieg in die Welt der Belauschnisse. Falls Sie bereits die Internetseite oder eines unserer früheren Bücher kennen, ist dieses Buch eine wunderbare Gelegenheit, die schönsten Perlen aus knapp zehn Jahren in einer einzigen Ausgabe in Händen zu halten und noch einmal durch die unzähligen irrwitzigen Begebenheiten zu stöbern.

Wir sind uns jedenfalls sicher, dass dieses Buch etwas ganz Besonderes ist. Ganz so wie das Gemüse unserer titelgebenden Geschichte.

Felix, Nico, Krischan und Thomas
Belauscht.de

– Leipzig. In einem Kaufland.

Ein junger Mann fragt eine Aushilfskraft in der Gemüseabteilung.

Kunde: »Entschuldigung, wo gibt's hier passionierte Tomaten?«
Verkäuferin: »Drittes Regal links, gleich neben den leidenschaftlichen Gurken.«

im namen des hüft-, des taillen- und des brustumfangs

– Berlin. In einem Büro am Gendarmenmarkt.

In der Personalabteilung. Eine Mitarbeiterin (Mitte 20) füllt einen Personaldatenbogen aus, in dem auch die Konfession abgefragt wird. Dort trägt sie die Zahl 34 ein. Der daneben sitzende Personalchef schaut die Mitarbeiterin verblüfft an und fragt leicht ironisch:

»Ihre Konfession ist 34?«

Die Mitarbeiterin guckt zerknirscht zurück und sagt:

»Na gut, 36!«

DIE BELIEBTESTEN BELAUSCHNISSE „IHRE KONFESSION IST 34?"

Über Humor lässt sich streiten und über Belauschnisse erst recht! Nach zehn Jahren Sammelarbeit und der redlichen Bemühung unter unzähligen Einsendungen nur die besten herauszusuchen, ist dies für uns zu einer unumstößlichen Wahrheit geworden. Was den einen völlig aus der Fassung und mit Lachkrämpfen auf den Boden schicken mag, lässt den anderen möglicherweise gänzlich kalt. Nicht selten haben wir leidenschaftlich über Einsendungen gestritten, und nicht selten schlossen sich unsere Leser daran an. Wann ein Belauschnis zum Kracher und Lacher wird, wann zum Rohrkrepierer – ganz ehrlich, so ganz genau wissen wir das immer noch nicht. Mal ist es die Authentizität, die Kraft, das eigene Kopfkino zu entfachen, dann wieder die unerwartete Pointe, der originelle Sprachwitz oder der doppelte Boden. Und manchmal ist es schlicht und einfach nur entwaffnende Banalität. Was auch immer die Zutaten für ein perfektes Belauschnis sein mögen, die folgenden Geschichten scheinen sie offenkundig zu haben: Sie sind die 50 beliebtesten Einträge von belauscht.de, ermittelt über Hunderttausende Leserstimmen. Viel Spaß mit den Stars und Sternchen von belauscht.de!

was lehrer heute schlucken müssen

– Monheim. In einer Schule.

Neulich im Geschichtsunterricht. Eine Schülerin mampft genüsslich und nur wenig um Heimlichkeit bemüht an ihrem Brötchen herum.

Lehrer: »Würdest du bitte sofort dein Brötchen wegpacken?«

Schülerin verdreht die Augen, beißt noch einmal herzhaft in ihr Brötchen, bevor sie es in ihren Rucksack packt. Sie erwidert den mahnenden Blick des Lehrers ausgiebig kauend.

Lehrer (genervt): »Und jetzt runterschlucken …«
Schülerin (mit vollem Mund): »Schlucken kostet aber extra.«

schwäbischer pottspott

– Stuttgart. Im Büro.

Der Firmeninhaber ist gerade dabei, eine Mail an Geschäftspartner im Ruhrpott zu verfassen.

Chef: »Glauben Sie, das passt, wenn ich schreibe: ›Herzliche Grüße ins schöne Gelsenkirchen‹?«
Mitarbeiter: »Ja, warum denn nicht?«
Chef: »Nicht dass die glauben, wir wollen sie verarschen.«

hobby humboldts neuester fund

– Bonn. An einer Bushaltestelle.

Ein ausländischer Mitbürger sitzt neben mir an der Haltestelle. Als ein Eichhörnchen über die Straße läuft, ruft er laut:

»Ey, Nussmäuschen Alter! Nussmäuschen!«

startschuss für den strandmarathon!

– Rosapineta (Italien). Am Strand.

Nebenan liegt eine deutsche Familie. Der Vater schaut einer vorbeilaufenden, knackig-braunen Strandschönheit mit knappem Bikini hinterher. Zwinkernd sagt er zu Frau (gelangweilt dösend) und Tochter (ca. neun):

»Ob ich die junge Dame noch einhole, wenn ich hinter ihr herrenne?«

Tochter (ganz trocken): »Nicht, wenn sie einen Rückspiegel hat.«

burg statt burka?

– Dortmund. In der Fußgängerzone vor der Reinoldikirche.

Eine bis auf die Augenschlitze schwarz verschleierte Muslima läuft die Straße entlang. Ein Mann mit seinem kleinen Sohn (ca. vier) kommt ihr entgegen. Der Junge bemerkt die Frau, stellt sich vor sie und fragt mit großen Augen:

»Bist du der schwarze Ritter?«

konferenz in rüsselsheim?

– Wuppertal. Im Zoo.

Ein Kind steht mit seinem Vater vor dem Elefantengehege und schaut die Babyelefanten an. Der Vater fummelt am Handy rum.

Kind: »Papa, wo ist denn der Papa von den kleinen Elefanten?«

Vater antwortet nicht.

Kind (nochmals): »Papaaa, wo ist der Papa von den kleinen Elefanten?«

Wieder keine Antwort, Vater geht weg zum Telefonieren.

Kind (schulterzuckend zu sich selbst): »Der ist bestimmt im Büro.«

von enten, käfern und fröschen

– Elm. Bei einer Stoppelcross-Veranstaltung.

Zwei Kinder (ca. fünf) unterhalten sich über die vorbeifahrenden Stoppelcrossautos. Der Junge ist ganz aufgeregt, weil die Fahrzeuge so schnell sind. Das Mädchen steht locker daneben.

Mädchen: »Mein Papa fährt da auch mit. Er ist ganz schnell.«
Junge: »Fährt dein Papa einen Käfer?«
Mädchen: »Nein, er fährt mit dem Auto.«

wohl mit assirabisch verwechselt

– Berlin. Am Flughafen im Flughafenbus.

Ein ca. dreijähriges Kind stellt während der Fahrt einige Fragen.

Kind: »Du, Mami, kann ich die Menschen in Ägypten verstehen? Wie ist Arabisch?«
Mutter: »Alleine von der Sprache wirst du eher nichts verstehen. Arabisch ist sehr schwierig und gar nicht mit der deutschen Sprache verwandt. Es klingt meist etwas abgehackt und kehlig.«
Kind: »Schwieriger als Englisch?«
Mutter: »Auf jeden Fall. Aber dort können die Menschen auch Englisch und etwas Deutsch, zur Not behilft man sich mit Gesten.«
Kind: »Das wird lustig! Ich bin schon so gespannt.«

Währenddessen telefoniert schräg gegenüber eine tussihafte junge Frau (zwischen 16 und 17).

Tussi: »Ne alle assi. Und ja ne, ich sag ne, er och, komms Party, ich sag ey nich, wa? Party, ey Griffl ab, ne er, voll uff Dröhnung, er ey wat jet? Watn shit, nervt … wa? Ne ich mein 'n Murat, wa? Ey nich der …«
Kind (hört eindringlich zu): »Mami, spricht das Mädchen arabisch?«

houston, wir haben 13 probleme!?

– Hennef (Sieg). In einer Videothek.

Kunde: »Haben Sie auch ›Apollo 13‹?«

Die Verleiherin tippt ›Apollo‹ in den Computer.

Verleiherin: »Nein, ham wir nicht. Die anderen Teile aber auch nicht.«

er wusste es: blind dates bringen es nicht

– Frankfurt am Main. Alt-Sachsenhausen.

In einer ziemlich vollen Kneipe. Am Nebentisch sitzt ein Blinder mit seinem Hund und trinkt ein Bier. Der Kellner setzt einen Mann mit an den Tisch, welcher den Blinden und den Hund einige Zeit anstarrt. Nach ein paar Minuten hält er es wohl für angebracht, ein Gespräch zu beginnen.

Mann: »Hat der Hund eine Ausbildung?«
Blinder: »Ja, er ist gelernter Industriekaufmann.«

sex, drugs and nachbarschaft

– Düsseldorf-Flehe.

Eine ältere, sehr neugierige Dame trifft ihre deutlich jüngere Nachbarin im Treppenhaus, als ich gerade an den beiden vorbeigehe.

Ältere Dame: »Was war da gestern Nacht los bei Ihnen?!«
Nachbarin: »Nun ja, ich hatte wilden Sex … und Sie?«

freispruch in letzter sekunde

– Hannover. Im Taxi.

Türkischer Taxifahrer, etwas unsicher: »Äh, Zentrale, ich habe hier eine Fahrgast, der möchte in eine Lokal, wo sich auch, äh, Homosexuelle treffen.«
Zentrale: »Die schwule Sau!«

(lange Pause)

Taxifahrer: »Äh, Zentrale, das war nix gutt. Fahrgast ist sehr böse!«
Zentrale, entsetzt: »NEIN! Die Schwule Sau in der Schaufelder Straße. Der Laden heißt so!«

ein sack henkersmahlzeit bitte

– Gevelsberg. Im Praktiker.

Eine ältere Dame (ca. 70) geht auf eine junge Verkäuferin zu und fragt diese:

»Entschuldigung, Fräulein, fällt Rattengift unter Tiernahrung?«

und wie lange hat dein widder noch tüv?

– Stuttgart. In einer Autowerkstatt.

Eine junge Frau (ca. 20) im Büro der Werkstatt. Sie übergibt dem KFZler den Autoschlüssel. Der Mechaniker nimmt ihre Daten auf.

Er: »Name?«
Sie: »Friedrich.«
Er: »Ihre Telefonnummer, wo ich Sie tagsüber erreichen kann?«
Sie: »07654 3210.«
Er: »So, und nun noch Ihr Kennzeichen.«
Sie: »Widder.«

Er schaut sie fragend an.

Sie: »Ja, schon. Im März geboren.«

get big in big apple

– New York. In einem McDonald's.

Ein Kunde aus Österreich möchte noch eine Cola bestellen.

Österreicher: »I'd like to have a big cock!«
Verkäuferin: »I guess you'd like to have a LARGE COKE, not a BIG COCK.«

wenn omis dissen

– Bremen. In der S-Bahn.

Neben mir sitzt eine ältere Dame. Ihr gegenüber zwei Jungs (ca. 16) im Gangsta-Look. Diese beiden zeigen auf mich, tuscheln und lachen hin und wieder. Mir ist das egal, die Dame neben mir fühlt sich aber gestört.

Sie: »Wisst ihr beiden, jetzt muss ich euch mal was sagen. Die Jungs, die so aussehen wie der da *(zeigt auf mich)*, so mit schwarzen Klamotten und langen Haaren, die sind nett, höflich und freundlich …«

(Pause)

»… Aber die Jungs, die sich die Hosen nicht mal richtig hochziehen können, weil sie so schwach sind, die sind vielleicht Arschlöcher!«

freudsche verhörer – heute: die anale phase

– Kirchheim. Im Hotel Seepark.

Während eines Fortbildungsseminars. Zwei Teilnehmer – sie im Business-Kostüm, er im Anzug – unterhalten sich am Ende des Seminars auf dem Hotelflur.

Sie: »So, wenn ich im Zimmer bin, werde ich erst mal packen.«
Er: »Wow! Endlich mal eine Frau, die es ausspricht!«
Sie: »Was denn? Packen?«
Er: »Äh, ach so, ich habe ›kacken‹ verstanden.«

bullenstarker wiesenhit

– München. Theresienwiese während des Oktoberfests.

Auf dem Wiesn-Gelände ist das Fahrradfahren aufgrund der Fußgängermassen eigentlich verboten, trotzdem fährt einer im Slalom zwischen den Fußgängern durch. Nicht weit entfernt steht der grün-weiße »Partybus« der Münchner Polizei. Aus dem Bus erschallt eine gesungene Durchsage eines Wolfgang-Petry-Klassikers:

»Das ist Waaahnsinn, warum fährst du hier mit dem Fahrrad?«

100 heimgehende Wiesn-Besucher im Chor: »Fahrrad, Fahrrad, Fahrrad!!«

eilantrag abgelehnt

– Berlin. In der S-Bahn.

Die S-Bahn hält zwischen zwei Bahnhöfen.

Durchsage des Zugführers: »Werte Fahrgäste, es befinden sich Kinder auf den Gleisen. Da es uns das Gesetz verbietet, diese zu überfahren, verzögert sich die Weiterfahrt auf unbestimmte Zeit!«

Einige Minuten vergehen.

Erneute Durchsage: »Da es in der Zwischenzeit keine Gesetzesänderungen gab, müssen wir weiter warten!«

mit viel glück gibt's 'nen kreislaufkollaps zu sehen

– Dortmund-Wischlingen. In der Sauna.

Ein Mann kommt mit seinem Sohn (ca. vier) in die große, gut gefüllte Blockhaussauna. Für den Jungen ist das offensichtlich der erste Saunabesuch. Beide setzen sich auf die unterste Stufe, der Junge sieht sich um.
Nach ein paar Minuten Stille:

Sohn: »Papa?«
Vater: »Ja?«
Sohn: »Worauf warten wir?«

sätze für die ewigkeit

– Saarbrücken. In der Diskothek Garage.

Ein Pärchen streitet sich lautstark auf der Tanzfläche, allerdings ist die Musik so laut, dass man trotzdem kein Wort versteht. Doch dann kommt eine Pause zwischen zwei Liedern, und man hört sie durch die ganze Diskothek schreien:

» ... UND DU DARFST MIR NIE WIEDER INS GESICHT SPRITZE!!!«

vamp in spe: süß und giftig, sie hat es schon drauf

– Berlin. Beim Kinderarzt.

Eine Mutter sitzt mit ihrer Tochter (ca. fünf) im Wartezimmer. Um sie zu beschäftigen, drückt sie der Tochter einen Einkaufsbeutel in die Hand mit der Bemerkung, »einkaufen« zu gehen.
Die Tochter nimmt den Beutel, geht den Gang hoch und runter, bückt sich ab und an, um »Ware« hochzuheben. Sie kommt zurück zu ihrer Mutter:

Mutter: »Na, was hast du denn eingekauft?«
Tochter: »Bonbon, Lala (Schokolade?), Lutscher ...«
Fremde Frau, die daneben sitzt: »Hast du gar kein Brot eingekauft?«
Tochter (böse): »Und du hältst dich schön raus, Tante!«

bei vorbildern sehe ich rot!

– Heilbronn. Wollhausplatz.

Eine Frau (Mitte 20) mit ca. dreijährigem Kind im Wagen geht langsam auf eine rote Fußgängerampel zu. Von hinten nähert sich eilig ein aufgestylter Checker. Er überholt die Frau und geht wie selbstverständlich über die rote Ampel auf die Kreuzung. Mitten auf der Straße dreht er um, kommt zurück.

Checker (zu Frau): »Sorry, war jetzt nicht so gut. Schlechtes Vorbild und so. Sorry.«
Frau (aggressiv): »EY SPRISCH MISCH NISCHT AN SPACKO!!!«

...und läuft mitsamt dem Kind in aller Seelenruhe über die rote Ampel.

grasklare reisepläne

– Senftenberg.

Eine Familie sitzt gemeinsam zum Abendessen am Tisch. Oma (Mitte 70) spricht ihren Enkel an.

Oma: »Und, fährst du im Sommer noch mal nach Holland?«
Enkel: »Jap ...«
Oma: »Zum Kiffen, was???«

super-mario-kart im supermarkt

– Ulm. In einem Supermarkt.

Eine ältere Frau kauft mit ihrer knapp dreijährigen Enkelin ein. Die Kleine schiebt ihren Kindereinkaufswagen wild durch die Gegend.

Großmutter: »Jetzt pass mal auf, wo du den Wagen hinschiebst. Und wenn du wieder einen anrempelst, dann sagst du ›Entschuldigung‹ und nicht ›Boing‹!«

geil glauben, alda!

– Offenbach. Zu Hause.

Das wohlerzogene Töchterchen (drei) ist neu im Kindergarten und bringt frisch Erlerntes nach Hause. Vor dem Abendessen soll gebetet werden.

Tochter: »Beten!?«

Da dies unüblich ist, fragt die Mutter erstaunt: »Was?«

Darauf zeigt das Töchterchen, was es noch gelernt hat: »Beten, Arschloch!«

papa der vorbildkiller

– Krefeld Hüls. In einer Kindertagesstätte.

Kollegin sitzt mit einem Jungen (drei Jahre alt) am Maltisch und spricht über das Wochenende.
Kurz darauf kommt ein weiterer dazu (fünf Jahre) und zeigt ihr stolz sein neues »Bob-der-Baumeister-T-Shirt«.

Kollegin zum Dreijährigen: »Na, willst du auch so ein tolles T-Shirt haben?«
Dreijähriger: »Der Papa sagt, der Bob der Baumeister ist ein Riesenversager und wenn der Papa so langsam arbeiten würde wie der, wär er arbeitslos!«

wer hatte ihm nur diese schnapsidee mit dem lehramtsstudium eingebrockt ...

– St. Arnold. In der Schule.

Der Lehrer bespricht einen mehr als schlecht ausgefallenen Physiktest.

Lehrer: »Frage 4. Da hat einer geschrieben, dass die elektrische Leitfähigkeit mit höherer Temperatur des Leiters abnimmt.«

Die Hälfte der Klasse bricht in Gelächter aus ...

Lehrer (leicht resigniert): »Das ist richtig.«

liebe geht durch den laden

– Augsburg. Rathausplatz.

Ein junges Pärchen händchenhaltend in der Fußgängerzone.
Sie: »So, und jetzt will ich noch zu H&M ...«
Er: »Da will ich aber nicht hin!«
Sie (geduldig): »Ja, aber zu einer Beziehung gehört es nun mal, dass man auch mit in die Läden geht, wo man nicht hinwill.«
Er: »Ich war heute in JEDEM Laden, in den ich nie in meinem Leben hinwollte!!!!«

pränatale breaking news

– Köln Porz. In der Regionalbahn.

Im Abteil hinter mir sprechen zwei junge Damen (Anfang 20) über Nachrichtensendungen im Fernsehen.

»Hey, in 3 SAT läuft heute und tagesschau… da wird eine Frau eingeblendet, die das in Gebärmuttersprache übersetzt.«

im allgäu, wo die welt noch in ordnung ist

– Immenstadt. An einer Tankstelle.

Beim Versuch zu zahlen fällt uns auf, dass die Bedienung der Tankstelle nicht hinter der Theke steht und auch sonst nicht im Verkaufsraum der Tankstelle ist. Allerdings hängt an der Kasse ein Zettel mit der Aufschrift:

»Bin kurz auf dem Klo. Bitte versuchen Sie, nichts zu klauen – danke!«

nimm zwei (beleidigungen): eine kommt garantiert an

– Herne, Innenstadt. Abends im McDonalds.

Junge: »Boah, was trinkst du so viel von meiner Cola??? Du hast gesagt, EINEN Schluck, du dumme Schlampe!«
Mädchen: »Hast du mich gerade dumm genannt?!?!«

kleine geheimnisse bringen spannung in die beziehung

– Bad Berleburg. Auf dem Schützenfest.

Ein sichtlich angetrunkener junger Mann (ca. 24) steht an der Theke und telefoniert mit seiner Freundin über die Freiprechfunktion seines Handys.

Er: »Schatz, hol mich ab. Ich muss jetzt ins Bett.«
Sie: »Wo bist du denn?«
Er: »Das geht dich gar nichts an!«
(Er legt sauer auf.)

eine runde probeschlecken?

– Leverkusen. An einem Kiosk.

Ein kleines Mädchen steht vor mir in der Schlange am Kiosk.

Mädchen: »Ich hätte gerne den Schokoriegel mit dem Löwen drauf.«
Verkäufer: »Lion?«
Mädchen: »Neee, kaufen!«

snoop doggy dackel

– Leipzig. In der Fußgängerzone.

Zwei Jugendliche um die 18 (ein Junge, ein Mädchen) unterhalten sich.

Mädchen: »Ey, mein Ex dreht so hohl, seitdem er seine neue Ische hat.«
Junge: »Warum?«
Mädchen: »Der macht jetzt dermaßen einen auf cool. Der hat sogar seinen Hund umgenannt, nur um der Tussi zu imponieren. Snoop Doggy Dog! Das musst du dir mal geben. Der nennt seinen Hund in Snoop Doggy Dog um wegen so ′ner Schlampe.«
Junge: »Wie hieß der Köter denn vorher?«
Mädchen: »Willi! Ich mein, der Hund ist schon zehn oder so! Der muss doch auch mal an das Tier denken, der Hund kriegt doch nen Schaden. Und ich mein, der Dackel sieht echt nicht aus wie ′n Rapper!«

neuester trend: schwarzer turban?

– Ilshofen. Am Telefon.

Meine Tante: »Bist du immer noch bei diesen Sikhs?«
Ich (verwirrt): »Wieso sollte ich bei den Sikhs sein?«
Meine Tante: »Ja, du bist doch bei diesen Sikhs. Dieser Gruppe, wo sich die Leute so schwarz anziehen und so.«
Ich: »Meinst du etwa die Gothics?«
Meine Tante: »Ja, genau, stimmt! So heißen die! Go-Sikhs!«

der kleine sherlock spanner

– Osnabrück. In der Damentoilette eines Kaufhauses.

Eine Mutter wartet mit ihrem kleinen Sohn (ca. vier) auf das Freiwerden einer Kabine. Hinter einer der verschlossenen Türen erleichtert sich gerade eine Dame. Plötzlich schmeißt sich der Junge zu Boden, steckt den Kopf unter der Tür hindurch und ruft:

»WER DUSCHT DENN DA?«

der playboy und sein anti-bunny

– Im Zug von Halle nach Magdeburg.

Ein junges Pärchen (ca. 18) sitzt sich gelangweilt gegenüber, bis er einen Playboy aus der Tasche zieht und anfängt, dadrin zu blättern. Sie schaut ihn total erbost an.

Er: »Hey, da stehn interessante Artikel drin!«

Sie reißt ihm das Heft aus der Hand und blättert selber drin, während er nur verdutzt zuschaut.

Sie: »Wow, hier ist ein Artikel, wie sich ein weiblicher Orgasmus anfühlt!«
Er: »Und, stimmt es zumindest?«
Sie (liest weiter, dann unbeteiligt): »Wie soll ich das denn beurteilen?«

es stinkt was am fischmarkt

– Hamburg, Fischmarkt. An den Landungsbrücken.

Sonntagmorgen in aller Herrgottsfrühe, eine Durchsage auf dem Fischmarkt:

»Sehr geehrte Besucher des Fischmarkts, hier spricht die Marktleitung. Wir möchten darauf hinweisen, dass sich Taschendiebe auf dem Marktgelände befinden. Bitte achten Sie auf Ihre Wertgegenstände. Die Taschendiebe werden aufgefordert, den Markt umgehend zu verlassen.«

ein glück, sie muss sich nicht untenrum freimachen

– Köln. In einem Friseursalon.

Kundin: »Ich hab da mal ne Frage: Was kostet es, die Haare untenrum dunkel zu färben?«
Friseurin: »Da müssen Sie mir jetzt erst mal definieren, was Sie mit ›untenrum‹ meinen ...«
Kundin (verständnislos): »Ja den Nacken!«

die bösen, kleinen weight-watchers

– Stuttgart. In der U-Bahn.

Eine Mutter (1,80 m groß, geschätzte 130 kg schwer) steigt mit ihren beiden Kindern (Tocher ca. fünf, Sohn ca. vier) in die U-Bahn ein. Nach kurzer Zeit entsteht zwischen der Mutter und ihren Kindern folgender Dialog:

Mutter: »Und, habt ihr eben bei der Tante schön gegessen?«
Tochter: »Ja, war lecker. DU hast aber viel zu viel gegessen!«
Mutter: »Nein, ich habe nicht viel gegessen. Ich esse immer nicht so viel.«
Sohn: »Doch, du hast viel gegessen. Dein Bauch ist doch ganz dick.«
Mutter (schaut schon ganz beschämt, da jeder im ganzen Abteil mithört): »Nein, ich esse auch nicht mehr als ihr. Ah, schaut mal da draußen, was da ist!«

Es herrscht zwei Minuten absolute Stille. Die Bahn hält an einer Haltestelle ungewöhnlich lange.

Ungeduldig sagt die Mutter: »Wieso dauert das so lange?! Warum fährt die Bahn nicht weiter?«
Darauf beide Kinder sehr laut im Chor: »WEIL DU ZU SCHWER BIST!!!«

die kleine besserwisser-ein

– Köln. Bahnhof Ehrenfeld.

Zwei ca. 17-jährige Mädels sitzen am Bahnhof und warten.

Durchsage: »Auf Gleis 3 fährt ein: Regionalbahn RE4510.«
Das Mädel neben mir: »Ey, sind die doof, das heißt doch ›einE‹ Regionalbahn!«

der feine unterschied zwischen rasur und intimrasur

– München. In einem Kindergarten.

Gespräch zwischen einem kleinen Mädchen (ca. vier) und einem Erzieher auf dem Flur. Die Mutter ist gerade zum Abholen gekommen.

Mädchen (zum Erzieher): »Warum hast du da Haare im Gesicht?«
Erzieher (leicht verwundert): »Das ist mein Bart.«
Mädchen: »Warum?«
Erzieher: »Weil ich heute Morgen vergessen hab, mich zu rasieren.«

Eine kurze Pause, in der das Mädchen überlegt, kurz zu seiner Mutter sieht, schließlich nickt und mit wissender Miene sagt:

»Meine Mama rasiert sich auch immer die Vagina.«

kaffee oder koitus?

– Berlin. KEH-Krankenhaus, Cafeteria.

SIE und ER stehen vor mir in der Cafeteria an der Kasse. Die Verkäuferin fragt, was sie denn für die beiden tun kann.

Er: »Haben Sie hier auch Kondome?«

Die Verkäuferin schaut etwas irritiert und verneint die Frage. Daraufhin dreht sich der junge Mann zu seiner Begleiterin um und fragt:

»Hm, willste dann vielleicht 'n Kaffee?«

kindernamen in den ewigen jagdgründen gefunden?

– Bad Segeberg.

Es sind mal wieder Karl-May-Festspiele in Bad Segeberg, »Halbblut« steht auf dem Programm. Etwa nach der Hälfte der Vorführung rennt ein Indianer völlig aufgelöst in die Mitte des Aufführungsplatzes, reckt die Hände in den Himmel und brüllt sich die Kehle aus dem Leib:

»MAAANITOOUUUU!«

Danach ist alles mucksmäuschenstill. Plötzlich hört man aus dem Publikum eine Kinderstimme: »Ja?«

das vorstellungsgespräch wird lustig

– Köln.

Wir stehen vor unserer Firma im Industriepark und rauchen. Ein junges Mädchen um die 17 hastet auf uns zu.

Mädchen: »Tschuldigung, wo ist denn die Hausnummer 135?«
Kollege: »Weiß nicht genau, wie heißt denn die Firma?«

Das Mädchen kramt eine Weile in seinen Unterlagen in der Tasche.

Sie: »GmbH.«

kinder sind ihr jacke wie hose

– Hamburg. Im Karstadt.

Ein Paar beim Einkaufen bei Karstadt. Sie probiert eine Jacke, offensichtlich fest entschlossen, diese zu kaufen.

Er: »Schatz, meinst du nicht, dass die ein bisschen teuer ist?! Wir brauchen ja auch noch Geschenke für die Kinder …«
Sie: »DU wolltest die Kinder!«

das erste schleudertrauma hat er schon …

– Hamburg. Metro in der Papenreye.

Bei den Waschmaschinen steht ein junger Mann, Typ Student, und studiert verzagt die Bedienungsanleitungen der dort angebotenen Waschmaschinen. Schließlich greift er sich einen Angestellten der Metro.

Student: »Entschuldigen Sie bitte, wo steht denn hier, wie rum die Trommel dreht?«
Verkäufer: »Was meinen Sie denn mit ›wie rum‹?«
Student: »Ich will nur wissen, wo man einstellen kann, wie rum die Trommel beim Waschen dreht!«
Verkäufer macht große Augen: »Ja aber warum denn?!«
Student: »Also, ich hab meine Mutter gefragt, wie man wäscht, und sie hat gesagt, Jeans und Pullover immer linksrum!«

an nikolaus zum nordpol?

– Kiel. Bus in der Innenstadt.

Der Bus ist sehr voll, draußen starkes Schneegestöber.

Durchsage vom Busfahrer: »Sehr geehrte Fahrgäste – HoHoHo –, wie Sie bemerkt haben, es schneit draußen. Suchen Sie sich einen festen Halt oder Sitz, wir sind jetzt ein Schlitten! Hat jemand Glocken für die Atmosphäre dabei?«

Im hinteren Teil des Busses fängt es an, rhythmisch zu klingeln …

so geht die telekom baden

– Hamburg.

Ein etwa Vierjähriger geht neben seiner Mutter die Straße entlang, deutet plötzlich auf eine Telefonzelle und fragt:

»Mama, warum steht denn da eine Dusche?«

DIE KURZWEILIGSTEN KLEINEN – „MAMA, WARUM STEHT DENN DA EINE DUSCHE?"

Die größte Belauscht-Beliebtheit genießen hierzulande eindeutig die Kleinsten. In den Einsendungen unserer Leser sind Kinder mit Abstand am häufigsten vertreten. Aber erst zusammen mit ihren Erzeugern bilden sie jene kongeniale Verbindung, die uns seit Jahren hinweg mit frischen und unterhaltsamen Geschichten versorgt. Denn was Erstere sorglos in die Welt hineinbrabbeln, halten Letztere sorgsam für dieselbe fest. Und auch wenn uns dann der Elternstolz oft unverblümt zwischen den Zeilen entgegenstrahlt, viele der besten Belauschnisse sind Kindermündern entsprungen. Viel Spaß mit den kurzweiligen Kleinen, ganz groß!

was der eine zu viel hat …

– Overath. In einem Supermarkt.

Eine Frau steht mit ihrem Sohn (ca. drei) an der Kasse.

Frau: »Warte hier, bis der Papa kommt!«
Sohn: »Welcher Papa?«
Frau (genervt): »Wie, welcher Papa? Wie viele Papas hast du denn?«
Sohn (überlegt kurz): »Fünf?«

… hat die andere zu wenig

– Essen. In einer Videothek.

Vor uns läuft ein kleines Mädchen vorbei. Ihr folgt ein Mann (ca. 40).

Mädchen: »Papi!«
Mann (trocken): »Ich bin nicht dein Papi, ich bin nur die Liebe deiner Mutter.«

absprung geschafft!

– München. In der U6 am Harras.

Eine vierköpfige Familie (Vater, Mutter, zwei Mädchen) mit jeweils einer Reisetasche steigt in die U-Bahn ein. Die Bahn fährt an.

Vater (stöhnend): »Mist, ich hab vergessen zu stempeln.«
Tochter (ca. neun, laut fragend zur Mutter): »Fährt Papa jetzt schwarz? Ist das nicht illegal?«
Vater: »Ich renn an der nächsten Haltestelle raus und stempel.«

Die U-Bahn kommt zum Stehen. Der Vater rennt raus, Türen gehen zu, und die Fahrt geht ohne Papa weiter. Daraufhin die etwas ältere Tochter ganz nüchtern:

»Papi wollte eh nie mit nach Rimini.«

ein familienspiel im klassischen sinne

– Neuss. In einer Grundschule.

Zwei Kinder streiten sich. Eine Erzieherin geht dazwischen und versucht, die Auseinandersetzung zu schlichten.

Erzieherin: »Warum streitet ihr euch?«
Junge: »Tun wir gar nicht.«
Erzieherin: »Aber natürlich, ich habe doch gerade gesehen, wie du sie angeschrien hast!«
Mädchen: »Wir streiten nicht, wir spielen Scheidung.«

mcparkhaus

– Basel. Parkhaus Badischer Bahnhof.

Mit einem befreundeten Pärchen in Basel beim Shoppen. Wir fahren in ein Parkhaus und halten vor der Barriere an, um das Parkticket zu entnehmen. Von hinten tönt daraufhin der kleine Sohn des anderen Pärchens:

»Für mich ein Happy Meal!«

früh übt sich, wer später mal groß absetzen will

– Chemnitz. In einem Edeka.

Ein kleiner Junge (ca. fünf) sammelt draußen Kassenbons vom Boden auf.

Mutter: »Lars, lass die dreckigen Zettel doch bitte liegen!«
Junge: »Aber die kannst du doch bei Papa abrechnen!«

leben im schleudergang

– Bornheim-Widdig. Im Kindergarten.

Ein Vater zieht seiner ca. vierjährigen Tochter gerade die Schuhe an.

Mädchen: »Papa, was steht da auf meinen Socken drauf?«
Vater: »Da steht ›100 % Baumwolle – waschmaschinenfest‹.«
Mädchen überlegt kurz und sagt dann: »Cool, das Waschmaschinenfest! Papa, gehen wir da auch mal hin?«

vaterliebe oder fahrerliebe

– Worms. Beim Flugtag.

Eine Frau mit zwei kleineren Kindern schaut einem einmotorigen Sportflugzeug beim Starten zu. Der Vater der Familie sitzt wohl als Gast mit in der Maschine. Nachdem das Flugzeug abgehoben hat, sagt der etwa achtjährige Junge zu seiner Mutter:

»Hoffentlich stürzt Papa nicht ab, der hat den Autoschlüssel!«

… auf den hund gekommen

– Köln.

In einem Restaurant beim Brunch. Am Nachbartisch sitzt eine Familie mit Sohn (ca. vier). Die Kellnerin kommt an den Tisch, und der Vater bestellt.

Vater (zu Sohn): »Hast du auch noch einen Wunsch?«

Es dauert eine Weile, bis der Sohn antwortet:

»Einen Hund.«

kollegen bashen kann sich rächen

– Rab (Kroatien). Auf der Straße.

Ich bin mit meiner dreijährigen Tochter unterwegs und entdecke ungefähr 100 Meter entfernt einen Kollegen. Ich sage zu ihr:

»Du, da vorne ist ein Kollege von mir, einer, der mit mir zusammen in der Firma arbeitet.«

Wir kämpfen uns durch die dicht bevölkerte Fußgängerzone zu meinem Arbeitskollegen. Er entdeckt mich auch, wir begrüßen uns sehr freundlich, und dann möchte ich meiner Tochter den netten Herrn vorstellen.

»Schau mal, das ist ein Kollege von mir, mit dem arbeite ich jeden Tag in der Firma.«

Meine Tochter laut vernehmlich:

»Ist das auch ein Arschloch?«

generation öko

– Bremen. In einem Netto.

Ich stehe an der Kasse, hinter mir eine Frau mit ihrer Tochter (ca. vier).

Mama zu Tochter: »Weil du so lieb warst heute, darfst du dir jetzt noch was Süßes aussuchen!«

Die Tochter rennt begeistert zum Regal mit den Ü-Eiern und anderen Süßigkeiten und kommt kurz darauf enttäuscht zurück.

Tochter: »Mama, das ist alles in Plastik eingepackt, und das ist NICHT biologisch abbaubar. Ich will nen Apfel!«

Mama guckt verdutzt, stimmt ihr dann aber zu und läuft mit ihr zurück zum Obstregal.

mittelerde in mitteldeutschland

– Schorfheide.

Bei einer Wanderung durchs Moor Trämmerfließ hört ein etwa zwölfjähriger Junge gespannt den Ausführungen eines Naturschützers zu und ist ganz beeindruckt, was der alles für Spuren entdeckt und wie viele Tiere er erkennt. Schließlich fragt der Junge ehrfürchtig:

»Bist du ein Waldläufer? So einer wie Aragon?«

spitze haustier

– Düsseldorf. Zu Hause.

Wir unterhalten uns über Haustiere. Mein Bruder mit seiner Frau überlegen, ob es besser ist, einen Hund oder eine Katze zu haben. In der Zeit malt mein Neffe (vier) leidenschaftlich etwas. Mein Bruder fragt ihn nach seiner Meinung:

Bruder: »Paul, welches Haustier hättest du gerne?«
Neffe: »Einen Biber.«
Bruder: »Warum ausgerechnet einen Biber?«
Neffe: »Damit ich immer angespitzte Buntstifte habe.«

pony und überbiss hat sie ja schon

– Im Flugzeug nach Hamburg.

Eine Frau im Flugzeug sitzt neben einem zugegebenermaßen etwas hässlichen kleinen Mädchen.

Frau: » … und was willst du mal werden, wenn du groß bist?«
Mädchen: »Eine Ballerina …«

(Pause)

» … oder ein Pferd.«

könig des löwenzahns?

– Koblenz. In einer Kindertagesstätte.

Ein Mädchen kommt mit einem Bambi-Stofftier in die Gruppe. Ein zweites Mädchen kommt hinzu und fängt ein Gespräch zum Thema Rehe an:

#2: »Löwen fressen drei Rehe am Tag!«
#1 (guckt mit großen Augen ihr Stofftier an und antwortet entsetzt): »Nein! Löwen müssen Salat essen!«

wild germany

– Niederkrüchten.

Ein kleines Kind (ca. drei Jahre) sitzt mit seiner Mutter im Auto. Draußen läuft ein junger Mann mit langen Dreadlocks und Bart vorbei.

Kind (laut brüllend): »Guck mal, Mama! Löwe!«

da schnallt auch die oma ab

– Nieder-Olm. Im Aldi.

Kundin, ein kleines Mädchen an der Hand, ruft durch den Aldi:

»Ist hier zufällig die Oma der kleinen Sofie im Laden?«

Eine ältere Dame an der Kasse lässt hektisch alles stehen und liegen und eilt zu der Kundin. Als Sofie (etwa drei Jahre alt) ihre Oma erblickt, kräht sie fröhlich durch den ganzen Supermarkt:

»Guck mal, Oma, ich kann mich jetzt schon ganz alleine abschnallen!«

der flipper-flop

– Velbert.

Nach dem Schwimmunterricht für Erstschwimmer holen die Eltern ihre Kinder ab. Eine Mutter geht mit einem kleinen Mädchen den Gang hinunter.

Mutter: »Wie war es?«
Mädchen (guckt traurig hoch): »Keine Delfine …!«

mit sieben fängt das leben richtig an

– Kiel. Stadtteil Exerzierplatz.

Im Bus Linie 22 Richtung Hbf. Ein Gespräch zwischen einem jungen Vater (Ende 20) und seiner kleinen Tochter.

Tochter: »… das war voll geil!«
Vater: »›Geil‹ sagt man nicht, das sagen nur ältere Leute, das ist noch nichts für dich. Hörst du? Ich will nicht, dass du ›geil‹ sagst! Erst wenn du älter bist, darfst du das sagen.«
Tochter: »Wie alt muss ich denn sein?«
Vater: »Sieben! Du bist jetzt fünf und musst noch zwei Jahre warten!«

kofferbombe der etwas anderen art

– Köln. Am Flughafen.

Am Schalter für verloren gegangenes Gepäck. Ein Mann steht vor mir mit seinem Sohn (ca. sechs).

Papa erklärt seinem Sohn: »Unser Koffer ist nicht da, aber das ist nicht so schlimm. Wenn sie ihn finden, bringen sie uns den.«
Sohn (ungläubig): »Eeeeeecht? Zu uns nach Hause??«
Papa: »Ja!«
Sohn: »Wo sollen die denn da landen???«

gewusst wie!

– Darmstadt. C&A im Luisencenter.

Ich bin mit meiner Freundin beim Shoppen. Auf dem Weg zu den Umkleidekabinen kommt uns eine junge Mutter mit ihrem etwa fünfjährigen Sohn entgegen. Er zerrt die ganze Zeit an ihrem Ärmel. Sie, vollbepackt mit Kleidungsstücken, kann ihn trotz Quengelei nicht hochnehmen und ist bereits sichtlich genervt.

Mutter: »Nein, ich kann dich jetzt nicht tragen!! Du siehst doch, dass ich die Hände voll hab.«

Der Kleine schaut zuerst traurig, fängt dann aber zu grinsen an und brüllt für alle Kunden in der näheren Umgebung sehr gut hörbar:

»SCHÖNE NACKISCHE MAMA!«

Die Mutter wird knallrot, lässt ihre Sachen fallen, nimmt ihn auf den Arm, hebt dann mühsam ihre fallen gelassenen Artikel wieder auf und geht augenscheinlich peinlich berührt in Richtung Kasse.

von bienen und blumen lässt sie sich nichts mehr erzählen

– Weener. In einer Frauenarztpraxis.

Eine hochschwangere Frau sitzt mit ihrer kleinen Tochter (ca. drei) im Wartezimmer beim Gynäkologen. Eine ältere Dame tätschelt dem kleinen Mädchen die Wange.

Dame: »Na? Kommt der Storch bald zu euch?«
Mädchen: »???«
Dame: »Kommt der Storch bald und bringt dir einen kleinen Bruder oder eine kleine Schwester?«
Mädchen (grinst überlegen): »Nee, in Mamas Bauch ist meine kleine Schwester, sie hat schon einen Namen, bald bekommt Mama Wehen, das tut zwar weh, aber dann kommt die Babyschwester durch die Scheide raus, und ich darf die Nabelschnur durchschneiden. Ich weiß auch, wie das Baby reingekommen ist, willst du das auch wissen?«

der direkte draht ins himmelreich?

– Landau. Auf dem Friedhof.

Eine Oma geht mit ihrem Enkel (ca. vier) über den Friedhof. Sie zeigt auf den Grabstein und erklärt ihm, dass der Name des Verstorbenen auf dem Grabstein stehe. Daraufhin der Enkel:

»Ach, und die Zahlen da drunter, ist das dann die Handynummer?«

gepresst aus 100 prozent novartis

– Oldenburg. Im Edeka.

Junge Mutter ist mit ihrem kleinen Sohn beim Einkaufen.

Mutter: »Was möchtest du denn gerne zu trinken?«
Sohn zeigt auf einen Multivitaminsaft und ruft durch den ganzen Laden: »Ritalin! Ich will Ritalin!«

organisch? nein danke!

– München. Tollwood-Festival.

Am Crêpes-Stand.

Ein kleiner Junge (ca. sechs) hat mit seiner Mutter Crêpes bestellt. Plötzlich entdeckt er das Bioschild, fängt an zu schluchzen und ruft seiner Mutter ganz entsetzt zu:

»Mama, Mama, I wui koan Bio!!!«

schon früh gilt es seine prioritäten richtig zu setzen

– Ternberg. In einem Spielwarengeschäft.

Ein kleiner Junge (ca. drei) und seine Oma stehen vor einem Spielwarenregal.

Oma: »Weil du so brav warst beim Doktor, darfst du dir etwas aussuchen, Paul.«

Enkel greift begeistert nach einer Spielzeugpistole.

Oma: »Also damit machen wir der Mama keine Freude. Such doch etwas anderes aus.«
Enkel: »Aber wir machen Paul damit eine Freude.«

schöne bescherung …

– Gielsdorf.

Vater, Mutter, Sohn (ca. vier) und Oma gehen gemeinsam spazieren. Sie kommen beim Nachbarn vorbei, der gerade vor seinem Haus steht.

Die Oma fragt den Kleinen: »Na, wer ist das?«
Sohn: »Papa!«

Plötzliche Verwirrung. Alle schauen sich entgeistert an.

Oma (zeigt entsetzt auf den Vater): »Und wer ist das da an deiner Seite?«
Sohn: »Der Weihnachtsmann!«

jackpot: das ewige leben?

– Müglitztal. Schloss Weesenstein.

Eine Führung durch das Schloss Weesenstein. Die Gruppe sitzt in den Bänken der Schlosskapelle, um den Erläuterungen zu lauschen. An den Tafeln an der Wand stehen noch die Liednummern des letzten Gottesdienstes.

Da meldet sich ein kleiner Junge in der ersten Reihe:

»Sind das da die Lottozahlen?«

das rätsel der elfenbeine

– Gronau (Westfalen).

Während einer Familienfeier. Alle sitzen am festlich gedeckten Tisch.

Junge (acht) zu seiner Mutter: »Ist der Griff der Gabel aus Elfenbein?«
Kleiner Bruder (sechs) überrascht: »Gibt's Elfen überhaupt noch?!?«

die flunder der lüfte

– Mauern. Im Netto.

Mutter und Kind (ca. sieben Jahre) kaufen ein. Das Kind erzählt, dass es zusammen mit einer Freundin einen toten Vogel gefunden und beerdigt hat.

Mutter: »Was war es denn für ein Vogel?«
Kind: »Ein schwarzer.«
Mutter: »Eine Amsel?«
Kind: »Nein.«
Mutter: »Wie groß war er denn?«
Kind: »So wie eine Amsel.«
Mutter: »Und wie hat er ausgesehen?«
Kind: »Wie eine Amsel.«
Mutter: »Ja, dann war das doch eine Amsel?!«
Kind: »Nein, der war total platt. Und hatte nur ein Auge. Eine Amsel ist nicht platt und hat zwei Augen!«

familientag? nein danke!

– Duisburg. Im Zoo.

Ein Mann, eine Frau, ein Junge (ca. sechs) stehen an der Kasse. Die Frau kauft eine Familienkarte.

Junge (zur Kassiererin): »Ich wollte nur sagen, der Mann hier von meiner Mama ist nicht mein Papa. Zum Glück!«

alles hat ein ende, nur die wurst hat zwei

– Bonn.

Auf einer Trauerfeier. Ein Vater unterhält sich mit seiner etwa vierjährigen Tochter.

Tochter: »Papa, musst du auch sterben?«
Vater: »Ja, wir müssen alle einmal sterben.«

Die Tochter fängt an zu weinen, hört aber nach wenigen Sekunden wieder auf und sagt fröhlich:

»So, ich hol mir jetzt ein Würstchen, und dann wein ich weiter!«

vor safer sex kommt safer play

– Düsseldorf. Auf einem Spielplatz.

Zwei Jungen (beide ca. fünf) unterhalten sich im Sandkasten.

#1: »Du, David, ich habe gehört, dass du eine Freundin hast.«
#2: »Ja, die Julie.«
#1: »Du weißt ja, dass du aufpassen musst.«

das rathaus ist sein himmelreich

– Großbottwar. In einer Kirche.

Kinder vor der Einschulung in der Kirche. Ein Kind (ca. fünf) betrachtet den Pfarrer.

Kind: »Mama, ist das Gott?«
Mama: »Nein, Schatz. Das ist nicht Gott.«
Kind: »Ist das dann der Bürgermeister?«

sie nannten ihn chainsaw

– Berlin. Gemeindehaus Lichterfelde.

Mein Bruder, ein Punk mit beeindruckendem Irokesenschnitt, hat zur Feier seines 16. Geburtstages in den Partyraum eines Gemeindehauses geladen. Um ein paar Dinge vorzubereiten, trifft er dort etwas früher ein. Die vorherige Party, ein Kindergeburtstag, endet gerade.

Das Geburtstagskind schaut meinen Bruder mit großen Augen an und brüllt anschließend:

»PAPA! PAPA! SCHAU MAL, DER MANN DA HAT EINE SÄGE AUF DEM KOPF!«

emma statt micky maus?

– Bremen. Auf dem Spielplatz an der Vasmerstraße.

Zwei Jungs (Blondschöpfe, höchstens fünf Jahre alt) unterhalten sich in einer Reifenschaukel.

#1: »Angela Merkel, unsere Bundeskanzlerin, is eine FRAU!«
#2 (unsicher): »Jaaah …«
#1: »Das is FÜR MICH kein Problem.«
#2 (mit stolzer Brust): »Nee, ne! Für MICH auch nich!«

lügen haben lange ohren

– Frankfurt. Flughafen.

Ein kleiner Junge und ein Mädchen unterhalten sich über Haustiere.

Mädchen: »Ich hab eine Katze. Die heißt Minka! Hast du auch ein Tier?«
Junge: »Ja, ich hab einen Hasen.«
Mädchen: »Wie heißt dein Hase?«
Junge (zu seiner Mutter): »Mama, wie heißt mein Hase? Hab ich überhaupt einen Hasen?«
Mutter: »Nein, mein Schatz. Du hast keinen Hasen.«

klein luke im kampf gegen die dunkle seite der muttermacht

– München. Im Spielwarengeschäft Obletter.

Ich schaue mir die Lego-»Star Wars«-Sets an. Ein kleiner Junge stellt sich neben mich und schaut mit.

Seine Mutter: »Das brauchst du gar nicht in die Hand zu nehmen, das kaufen wir nicht!«

Darauf flüstert mir der kleine Junge zu:

»Wenn du dir das kaufst, darf ich dann bei dir zum Spielen vorbeikommen?«

frauen und die frage nach dem alter

– Berlin. In einem Freizeitbad.

Vor dem Betreten des Schwimmbades erklären wir unserer Tochter, die gerade ihren fünften Geburtstag hatte, dass Kinder bis vier Jahre kostenfreien Eintritt haben. Deshalb behaupten wir an der Kasse, sie sei erst vier.

Kassiererin (zu unserer Tochter): »Na, wie alt bist du denn?«
Tochter: »Heute bin ich vier, aber morgen bin ich wieder fünf!«

generation twitter

– Erlangen.

Zwei Männer schieben ein Auto, das offenbar nicht anspringt, von der Straße in eine Einfahrt.
Ein Junge (ca. sechs) schaut interessiert vom gegenüberliegenden Bürgersteig aus zu und sagt schließlich zu seiner Mutter:

»Fail!«

lauf, yannis, lauf

– Kiel. Im Schrevenpark.

Eine junge Mutter beim Joggen. Etwa 20 Meter vor ihr läuft ein kleiner Junge. Sie hat einige Probleme, an ihm dranzubleiben.

Mutter: »Yannis! Jetzt lauf doch nicht so schnell!«
Yannis: »Das muss ich aber, Mama, dann bin ich da, bevor ich nicht mehr kann!«

achterbahn statt achtes gebot

– Rust. Im Europapark an der Kasse.

Ein junges Mädchen fragt laut seinen Vater:

»Papa, wie alt bin ich hier?«

ton gut, tier tot?

– Oberhof. Während eines Rennrodel-Weltcups.

Ein kleiner Junge (ca. sechs) läuft vor uns die Straße entlang die Rodelbahn herunter. Für die TV-Übertragung hängen an mehreren Stellen diese plüschigen Mikrofone in der Bahn, die das Geräusch des vorbeirauschenden Schlittens aufnehmen sollen. Der kleine Junge läuft zu einem solchen Mikro, beugt sich darüber und fragt besorgt:

»Meerschweinchen, lebst du noch?«

gutes marketing

– Soltau. Im Vogelpark Walsrode.

Ein Mann steht mit seinem Sohn vor der Voliere mit dem Auerhahn. Der Sohn zu seinem Vater:

»Guck mal, Papa, ein Hasseröder!«

copy and paste

– Hattersheim. In einem Kindergarten.

Mädchen und Junge (beide vier) spielen Vater-Mutter-Kind.

Er: »Komm, wir gehen schlafen …«
Sie: »Nein, ich habe Kopfschmerzen.«

alte bekannte

– Lüneburg.

Ein kleiner Junge führt mit seinem Vater den Hund Gassi. Er fragt ganz beiläufig:

»Du, Papa, wie lange kennen wir uns eigentlich schon?«

wahre liebe kann warten

– Laufen.

Dialog zwischen meinen Brüdern (vier und zwanzig).

Kleiner Bruder: »Du, darf ich die Kerstin heiraten?«
Großer Bruder: »Nein!«
Kleiner Bruder: »Warum nicht?«
Großer Bruder: »Weil das meine Freundin ist. Wenn du eine Freundin haben willst, musst du dir selbst eine suchen!«
Kleiner Bruder (überlegt kurz): »Aber wenn du tot bist, dann darf ich sie heiraten?!«

abwischen oder abdanken

– Freyburg.

Ein kleines Mädchen (ca. drei) tritt beim Anziehen mit seinem Stiefelchen aus Versehen auf den unbeschuhten Zeh seines Vaters.

Vater: »Hey, das kannst du doch nicht machen, da geh ich doch kaputt.«
Mädchen: »Stimmt, ich brauch dich ja noch!«
Vater: »Ach wirklich, wozu denn?«
Mädchen: »Zum Abputzen. Das kann ich ja noch nicht.«

baggern statt ackern

– Gießen. In einer Grundschule.

Im Religionsunterricht wird das Thema Maria und Josef behandelt. Die Lehrerin erzählt einiges über die damalige Zeit und auch, dass der Josef von Beruf Bauer war. Auf die Frage, was denn ein Bauer so macht, antwortet das erste Kind:

» … sucht Frau!«

einfühlsamer mini-macho

– Mönchengladbach.

Nach einem Unfall sitze ich mit meiner Freundin auf der Couch im Wohnzimmer. Sie ist völlig aufgelöst und weint. Ihr Sohn (acht) sitzt nebenan in der Küche und macht Hausaufgaben. Plötzlich ruft er herüber:

»Mama, du weißt genau, wenn du weinst, kann ich mich nicht konzentrieren.«

Er kommt ins Wohnzimmer, nimmt seine Mama in den Arm.
»Wenn man traurig ist, ist es am besten, wenn man sich ablenkt. Schau doch Fernsehen. Oder les ein Buch. Oder räum die Küche auf!«

die mär vom hässlichen entlein

– Bremen. In einem Bus.

Zwei Mädchen (ungefähr in der sechsten Klasse) unterhalten sich.

#1: »Im Moment seh ich noch hässlich aus, aber das geht wieder weg!«

100-meter-lauf, finnische variante

– Altenau. In der Brocken-Therme.

Eine junge Mutter geht mit ihrem Jungen (ca. fünf) in die 80°C-Sauna. Sie setzen sich beide auf die unterste Stufe, und so nach höchstens zwei Minuten meint das Kind:

Junge: »Mir ist so langweilig.«
Mutter: »Hm … dann lauf ein wenig um den Ofen.«

Der Junge steht auf und läuft los – nicht zu schnell, aber auf jeden Fall ist es schneller als Gehen. So geht das einige Zeit lang, bis er bedrohlich ins Schwanken gerät.

Junge: »Mama, mir geht's nicht gut.«
Mutter: »Ach was – wir bleiben auch nur noch ein paar Minuten hier …«

ticket ins glück

– Zwischen Dortmund und Düsseldorf. In der Bahn.

Fahrkartenkontrolle. Stolz zeigt ein kleiner Junge sein Ticket.

Junge: »Ich hab auch eine Fahrkarte, und duuuu musst da ein Loch reinmachen!«

Der Schaffner knipst sein Ticket ab. Der Junge kramt in seinen Hosen und zeigt dem Schaffner zwei weitere Karten.

Junge: »Schau mal, ich hab schon drei Stück!«

Der Schaffner lächelt und drückt dem Jungen noch zwei weitere Karten in die Hand.

Schaffner: »Und nun hast du schon fünf!«

Junge (vor Freude quietschend): »Das Leben ist schööööööön!«

fliegender elefant – es gibt ihn doch

– Im Flugzeug.

Ein Vater sitzt mit seiner Tochter (ca. zwei) neben dem Gang. Auf der anderen Seite des Ganges sitzt eine deutlich übergewichtige Frau. Als ihr etwas hinunterfällt, stellt sie sich in den Gang, dreht den beiden den Rücken zu und beugt sich vornüber, um es aufzuheben. Die Kleine hebt die Arme und ruft begeistert:

»Ein Elefant!«

kein vater, keine ahnung

– Neutraubling. In einem Gymnasium.

Zwei Mitschülerinnen unterhalten sich:

#1: »Ich bringe meinem Bruder zurzeit immer Englisch bei, weil er das nicht so gut kann.«
#2: »Wie, du hast einen Bruder? Du hast doch immer gesagt, deine Mutter ist alleinerziehend.«

kinder punkt punkt punkt !

– München. In einer S-Bahn.

Mutter und Sohn in der S-Bahn. Gegenüber sitzt eine etwas übergewichtige Dame.
Der Sohn zur Mutter:

»Gell, Mami, über die dicke Frau reden wir erst, wenn wir zu Hause sind?«

vater-sohn-tag im baumarkt

– Reutlingen. In einem Baumarkt.

Am Regal mit den Bohrmaschinen sitzt ein kleiner Junge auf einem Karton, während der Vater die Bohrmaschinen studiert.

Junge: »Papa, bist du bald fertig?«

Keine Antwort. Nach einer Weile:

Junge: »Papa, kommst du jetzt?«

Wieder vergeht Zeit.

Junge: »Papa, wann gehen wir?«
Eine andere Kundin zum Jungen: »Gell, das ist langweilig?«
Vater (dreht sich um): »Der soll froh sein, dass ich mir heute extra Zeit für ihn genommen habe.«

oh weh im obi

– Norderstedt. In einem Baumarkt.

Eine junge Familie kommt in den Baumarkt (Vater, Mutter, Sohn ca. drei Jahre). Plötzlich sieht sich der Junge fragend um und fängt ganz laut an zu schreien:

»Biiiiiieber, wooo biiist Duuuu?«

bis dass der anwalt euch scheidet

– Rhede.

Auf einer Hochzeit. Ein kleines Mädchen verabschiedet sich abends von der Braut:

»Es war total schön hier. Und wenn du wieder heiratest, komme ich noch mal her.«

kindermund hat's gerne rund

– Passau. In einem Kindergarten.

Erzieherin knuddelt mit einem Kind.

Kleiner Junge: »Du, hast du auch einen Busen?«
Erzieherin (ganz verwundert): »Ja, natürlich!«
Kleiner Junge: »Kannst du den mal mitbringen, dann ist es nämlich viel kuscheliger.«

das traurigste kinderzimmer der welt

– Osnabrück. Im Zoo.

Ein kleiner Junge steht neben seinem Vater am Zooausgang.

Junge: »Papa, Papa, darf ich den Stein mitnehmen?«
Vater: »NEIN! Du hast schon einen Stein zu Hause!«

psycho-doc oder psycho-schock?

– Köln. Am Bahnhof.

Ein Junge (ca. acht) zu seinem Freund:

»Wenn ich mal groß bin, werde ich entweder Psychiater oder Psychopath!«

höflichkeitsformen kommen erst in der 4.

– Arnsberg. In der Grundschule.

Es ist Elternsprechtag der dritten Klasse. Ein Junge sitzt mit seinem Vater der Klassenlehrerin gegenüber. Er erzählt, was er Besonderes gelernt hat.

Junge: »... und das und das kann ich doch schon ganz gut, findest du nicht auch, Frau Schmidt?«
Vater: »Hör mal, du bist doch jetzt in der dritten Klasse. Ich finde, da könnte man seine Lehrerin aber anders ansprechen.«

Der Junge fängt an, übers ganze Gesicht zu strahlen, und sagt glückerfüllt: »Ingrid!«

verliebt, verlobt, ver ... schoben

– Verden. Vor dem Standesamt.

Nach unserer standesamtlichen Trauung stehen wir mit Freunden und Kollegen vor dem Standesamt und stoßen an, als eine Frau mit ihren zwei Kindern vorbeikommt.

Kind: »Mama, was machen die da?«
Mutter: »Die heiraten ... (kurze Pause) ... das ist das, was dein Papa und ich noch nicht geschafft haben!«

ballermann statt backwaren

– Würzburg-Heidingsfeld. Klosterstraße.

Eine Frau geht mit ihrem Sohn (ca. vier) auf dem Gehsteig spazieren.

Mutter: »Willst du was vom Bäcker?«
Knirps: »Nee, ich will in Urlaub!«

so unterschiedlich sind bewertungen

– München. In einem Café.

Eine Mutter sitzt mit ihrer Tochter (ca. zehn) an einem Tisch. Nach einiger Zeit stößt der Vater zu den beiden.

Mutter (zum Ehemann): »Hast du schon gehört, deine Tochter hat in Mathe eine Drei geschrieben.«
Ehemann (zur Tochter): »Na ja, dafür bekommst du von mir einen kleinen Kuss.«
Tochter (empört zur Mutter): »Siehst du! Bei Papa bekomme ich einen Kuss, bei dir muss ich den Salat aufessen!«

schneewittchen und die sieben pferde

– Frankfurt am Main. In einem Schuhgeschäft.

Ein Mädchen (ca. zehn) zu seinen Eltern:

»Ich will die Schuhe nicht! Und wenn ich die nicht will, dann bringen mich keine sieben Zwerge dazu!«

der himmel ist umsonst

– Marl.

Nach der Weihnachtsmesse. Alle strömen dem Ausgang entgegen und lassen etwas Geld in die Kollektekörbe fallen. Hinter mir huscht ein kleiner Junge (ca. acht) geschickt unter dem in Erwachsenenhöhe gehaltenen Korb hindurch. Kaum ist er draußen, reißt er triumphierend die rechte Faust empor und ruft mit Begeisterung in der Stimme:

»JA! RAUSGEKOMMEN, OHNE ZU BEZAHLEN!«

voller tag und volle hose

– Hamburg. In der U-Bahn.

Eine Mutter steigt mit ihrem Sohn und seinem Freund (beide ca. sechs) in die U-Bahn ein.

Mutter: »Und was habt ihr heute so im Kindergarten gemacht?«
Freund: »Wir haben in die Hosen gemacht!«

freiheit ist ... wenn papa zahlt

– Wuppertal-Elberfeld. Bushaltestelle Döppersberg.

An der Bushaltestelle sitzen zwei Jungs (ca. 13) mit Skateboards.

#1: »Ich kann dir nur eins sagen: Genieß die Zeit, wo deine Eltern noch für dich haften!«

kleiner junge, großer anspruch

– Frankfurt am Main. Im Zoo.

Es hat morgens etwas geregnet. Vor uns geht ein Vater (ca. 40) mit seinem kleinen Sohn. Der Sohn läuft durch eine kleine Pfütze, der Vater ist sichtlich genervt und zieht ihn zurück. Der Sohn nähert sich der nächsten Pfütze und setzt zum Sprung an. Daraufhin der Vater:

»Karl, du bist jetzt 18 Monate alt, du musst jetzt für andere Kinder ein Vorbild sein, so leid mir das tut!«

klein sigismund fährt bahn

– München. In der S-Bahn.

Ein Mann und sein ca. sechsjähriger Sohn nehmen in der S-Bahn Platz. Der Sohn setzt sich ans Fenster und betrachtet die zerkratzten Scheiben.

Sohn: »Papa, warum sind die kaputt?«
Vater: »Das haben Jugendliche zerkratzt.«
Sohn: »Warum haben die das gemacht?«
Vater: »Weil die dumm sind.«

Der Junge betrachtet das Fenster und denkt einige Zeit offenbar angestrengt nach.

Sohn: »Ich glaub, die können bloß nicht sagen, was ihnen fehlt.«

ltu – looping transport unternehmen

– Düsseldorf. Flughafen.

Ich sitze im Flieger der LTU nach New York im hinteren Drittel der Maschine. In der Sitzreihe vor mir sitzen ein Typ (ca. 20) am Gang und neben ihm am Fenster sein kleiner Bruder (ca. fünf). Der kleine Junge fliegt offensichtlich zum ersten Mal. Er ist sehr aufgeregt und voller Vorfreude, er redet ununterbrochen. Als der Flieger auf der Startbahn ist, sagt der Ältere zu dem Jüngeren beiläufig:

»Max, du weißt ja, dass wir gleisch nachem Stacht erst mal einen Looping machen, um in die Umlaufbahn zu kommen, ne?!«

Der Kleine guckt den Älteren mit großen Augen an, schluckt und sagt: »Ja … klar. Weiß ich.«

Der Ältere daraufhin: »Ja dann is ja jut. Musste disch jut festhalten dann, ne!? Wir fliegen ja über Kopf kurze Zeit.«

Der kleine Max wird daraufhin nachdenklich und still. Der Flieger erreicht die Startbahn, beschleunigt ohne Stopp sofort voll durch. Der Flieger wackelt über die Unebenheiten der Rollbahn. Als der Pilot die Nase des Fliegers anhebt und der vordere Teil des Fliegers abhebt, fängt er plötzlich an, so laut zu schreien, dass es wohl selbst dem Piloten nicht entgeht:

»Ich hab Angst, ich hab Angst, ich will keinen LOOOOPING!!!«

grünzeug ist ihm nicht grün

– Ludwigshafen. In einem Restaurant.

Eine Mutter fordert ihr ca. vierjähriges Kind auf, den Beilagensalat zu probieren. Das Kind weigert sich:

»Ich will nix mit Salat zu tun haben!«

die mieze hat den tiger im tank

– Suhl.

Ich bin mit einer Freundin und ihrer Tochter (vier) bei einer Bekannten zu Besuch. Meine Freundin hält, anders als die Bekannte, keine Katzen, und so ist es für die Kleine umso spannender, als sie erklärt bekommt, wie man Katzen streichelt und was ihnen gefällt.
Etwas später ein Heulen aus dem Nebenzimmer. Wir schnell rüber, die Kleine schaut uns mit großen verweinten Augen an und sagt:

»Mama! Ich hab den Motor angemacht, und er geht nicht mehr aus!«

stuttgart 21 bricht kinderherzen

– Stuttgart. Im Schlossgarten.

Demo vor dem Bauzaun von Stuttgart 21. Ein Vater steht neben seinem Sohn (ca. vier). Das Kind weint bitterlich, der Vater versucht, es zu beruhigen.

Vater: »Nein, die meinen nicht dich. Die rufen ›Mappus raus‹, nicht ›Markus raus‹.«

blankenese meets st. pauli

– Hamburg. In einem Geschäft.

Eine Angestellte hat ein Lippenpiercing. Eine Mutter mit Sohn bezahlt ihren Einkauf, und sie verlassen das Geschäft. Beim Hinausgehen flüstert der kleine Junge zu seiner Mutter:

»Guck mal, Mama, die trägt ihren Ehering in der Lippe!«

reinen wein eingeschenkt

– Mönchengladbach. In einer Grundschule.

Die Lehrerin fragt die Schüler der ersten Klasse, welche Berufe ihre Eltern haben. Ein Schüler meldet sich und sagt:

»Meine Mama ist Alkoholikerin!«

familie hiob bestätigt die regel

– Bensheim. In einem Gottesdienst.

Der Pfarrer beendet gerade die Predigt.

Pfarrer: »Gott liebt alle Menschen. Egal woher sie kommen oder wie sie aussehen.«
Kind (aus einer der hinteren Reihen): »Uns nicht, stimmt's, Mama?«

frei, gleich – öffentlich!

– Hannover. In einem Wahlbüro.

Eine Familie mit zwei Kindern (ca. drei und sechs) kommt zur Ausübung ihrer staatsbürgerlichen Pflicht am Sonntagnachmittag in den gut gefüllten Wahlraum. Er nimmt den dreijährigen Jungen mit in die Kabine, sie das sechsjährige Mädchen. Man lässt sich Zeit und erklärt dem Nachwuchs das Prozedere.

Auf dem Weg zur Urne treffen sich Vater und Mutter wieder, und das Mädchen fragt den Vater für alle Anwesenden deutlich hörbar:

»Papa, hast du auch die CDU gewählt?«

in dieser wg geht's ab

– Potsdam. In einer Kirche.

Eine Führung durch die Kirche für eine Kindergartengruppe. Ein Mädchen (ca. vier) flüstert einer Erzieherin zu:

»So ein Quatsch mit dem Gott. Weiß doch jeder, dass im Himmel nur der Weihnachtsmann und die Zahnfee wohnen ...«

mein leben vor der homophobie

– Weimar. Im Bus.

Zwei ca. acht Jahre alte Jungs sitzen im Bus nebeneinander und unterhalten sich. Plötzlich merkt der eine, dass er aussteigen muss. Er verabschiedet sich und rennt zur Tür. Der zweite Junge bleibt zurück, schaut etwas unschlüssig und rennt auf einmal an die Bustür und schreit seinem Kumpel hinterher:

»Hans, ich hab dich lieb!«

Dann geht er zurück an seinen Platz im Bus und murmelt für alle noch hörbar:

»Das wollt ich dir schon lange mal sagen, so.«

was warst du eigentlich?

– Ludwigsburg. In einer Kindertagesstätte.

Kind: »Du? Warst du früher auch mal ein Kind?«
Erzieherin: »Ja, na klar.«
Kind: »Warst du ein Junge oder ein Mädchen?«

gewinnermentalität

– Augsburg. Im Ikea.

Ich war neulich mit zwei Freunden im Ikea unterwegs, da ich eine neue Badezimmereinrichtung brauchte. Unter anderem gibt es dort auch einen kleinen Schminkspiegel mit Standfuß. Im gleichen Moment wie ich geht ein Junge (ca. acht) an dem Spiegel vorbei, blickt hinein, begutachtet sich noch zwei, drei Sekunden in dem Spiegel, um ihn dann mit beiden Händen über seinen Kopf zu heben und aus lautstarker Kehle zu brüllen:

»So seh'n Sieger aus, schalalalala, so seh'n Sieger aus, schaaalalalalala!«

gelb, gelb, gelb sind alle meine kleider!

– Bremen. Im McDonald's in der Bahnhofstraße.

Ein kleiner Junge (ca. fünf) kommt bei McDonald's aus der Toilette.

Wartender Papa: »Na, hast du dir auch brav die Hände gewaschen?«
Der Kleine: »Ne, Papi, brauch ich nicht, hab ja meine Handschuhe angelassen ...«

nachhilfe vom büromäuschen?

– Wiesbaden. In einem Büro.

Meine Tochter (acht) kommt nach der Schule zu mir ins Büro, um dort ihre Hausaufgaben zu machen. Ich bin in einer Sitzung. Als ich fertig bin, kommt sie, um mich ihre Sachkundehausaufgaben zum Thema »Meerschweinchen« kontrollieren zu lassen. Es handelt sich um eine Art Steckbrief.

Bei »Lebenserwartung« steht: »Freunde, spielen, großer Käfig«. Als ich versuche, ihr zu erklären, dass damit gemeint ist, wie alt Meerschweinchen normalerweise werden, ist sie außer sich:

»MENNO, dabei habe ich extra deine Kollegin gefragt, und die sagte, damit ist gemeint, was Meerschweinchen so vom Leben erwarten!«

marketing hat meine kindheit zerstört!

– Fulda. In einem Supermarkt.

Während eines Wochenendeinkaufs hab ich mich über das Kindergeschrei in einem der Gänge gewundert. Bei näherem Hinhören konnte ich Folgendes aufschnappen.

Große Schwester (ca. sechs) rennt ihrem schreienden kleinen Bruder (ca. vier) brüllend hinterher:

»Ja, renn bloß weg! Und wenn du weiterheulst, verrat ich jedem, dass deine Jacke von KiK ist!!!«

das mit felicitas-viktoria hatte sie sich irgendwie anders vorgestellt

– Hamburg-Winterhude. Krochmannstraße.

Eine Mutter versucht, auf der Straße ihr wirklich anstrengend schreiendes Kind zu beruhigen. Völlig entnervt und die Augen verdrehend murmelt sie schließlich zu sich selbst:

»Ich glaube es nicht! Du wirst echt so ein Mensch, der sich schreiend im Supermarkt auf den Boden wirft!«

den suchen wir doch alle ab und zu mal

– Greifswald. In einem Hort.

Erzieherin und Kind bei den Mathe-Hausaufgaben. Der Kleine ist eifrig dabei, und die Erzieherin schaut gerade nach einem anderen Kind.

Kind: »Frau Schmidt, wie muss ich das noch mal rechnen?«

Die Erzieherin weiß grad nicht weiter ... Da steht der Kleine auf und krabbelt unter den Tisch.

Erzieherin: »Was suchst du denn da?«

Kind (ganz verdutzt): »Aber Sie haben doch grad gesagt, Sie haben den Faden verloren.«

in die tierhandlung oder doch besser in die kiste?

– Reutlingen. In einem Büro.

Eine Kollegin erzählt mir, was sich ihr kleiner Sohn (Vorschulalter) zum Geburtstag so wünscht:

»Ein Laserschwert, einen Traktor, einen Hamster … oder 'nen Bruder!«

gut gebaut oder falsch gebaut?

– Kiel. In einem Bus.

Eine Mutter und ihr Sohn (ca. fünf) sitzen neben mir im Bus. Vor uns sitzt eine Frau mit einem sehr großen Busen und einem tiefen Ausschnitt. Der Kleine kommt aus dem Staunen gar nicht mehr heraus, bis er dann fragt:

»Mama, hat die Frau vorne einen Po?«

man muss schließlich prioritäten setzen

– Stuttgart. Flughafen, Ankunftsbereich.

Ein junger Vater holt mit seiner Tochter (ca. drei) die Mutter und eine Freundin ab, die gerade gelandet sind.

Freundin: »Na, Amélie, hast du deine Mama arg vermisst?«

Das kleine Mädchen überlegt offensichtlich ernsthaft, schüttelt dann den Kopf und strahlt:

»Ich durfte im Auto vorne sitzen!«

brautkleid bleibt brautkleid

– Hamburg. In einem Kindergarten.

Die Kinder unterhalten sich übers Heiraten.

#1: »Wenn ich groß bin, heirate ich mich selbst.«
#2: »Wieso willst du dich selbst heiraten?«
#1: »Einen Mann brauch ich nicht, aber ich will das schöne Kleid anziehen!«

ritter der lokusnuss?

– Köln. In der Bahn.

Vier Jungs (ca. elf) unterhalten sich ganz aufgeregt über irgendein Computerspiel. Das Gespräch wird mehr oder weniger geleitet von einem etwas dicklichen und sehr redseligen Jungen, der die anderen Jungs stets mitten im Satz unterbricht. Schließlich geht das Gespräch über zum Thema Fantasie. Der kleine Dickliche meint zu dem zarten Burschen neben ihm:

»Ach, du hast doch keine Fantasie. Aber ich sag dir, ich habe Fantasie. Und weißt du, wieso? Immer wenn ich auf dem Klo sitze, nehme ich mein Schwert mit und tu so, als wär ich ein Held.«

so hatte sie das nicht gemeint

– Bad Kreuznach. Freie Christengemeinde.

Es ist Sonntag, kurz vor Predigtende. Alle sind in nachdenklicher, andächtiger Stimmung.

Die Predigerin: »So, jetzt kommt dann bitte das Lobpreisteam nach vorne, damit wir noch ein paar Lieder singen können.«

Alle erheben sich.

Plötzlich rennt ein Junge vor der Bühne entlang und schreit:

»I like to move it, move it. I like to move it, move it!«

immer diese modenamen!

– Berlin. Tempelhofer Damm.

Ein kleines Mädchen bemerkt eine Jugendliche, die an einer Hauswand lehnt und offensichtlich auf jemanden wartet. Das Mädchen läuft auf sie zu.

Mädchen (lautstark): »Was machst du denn da?«
Jugendliche: »Ich warte hier auf meinen Vater.«
Mädchen (denkt kurz nach): »Heißt der auch Papa?«

halt dich an deinem schnitzel fest

– Hoppstädten. Auf dem Sportplatz.

Während eines Fußballspiels. In unserer »Fankurve« ziehen meine Kumpels mal wieder einen Freund auf.

#1: »Ja, ja ... dem Kurt musste man früher auch Schnitzel um den Hals hängen, damit wenigstens der Hund mit ihm spielt.«

Kurt schaut gespielt betröppelt auf den kleinen fünfjährigen Sohn von einem der Männer und seufzt:

»Jaa ... mich hat früher niemand lieb gehabt.«

Junge (treuherzig dreinblickend): »Doch! Der HUND!«

die realität kann verdammt wehtun

– Celle. Auf einem Kinderspielplatz.

Ein kleiner Junge (ca. vier) steht auf dem Kletterturm und stemmt die kleinen Arme wütend in die Hüften. Dann macht er seinem Ärger Luft und schreit laut zu seiner Mutter herüber:

»MAMA!!! Die anderen Kinder wollen nicht mit mir spielen, dabei bin ich doch so niedlich!«

trauma oder gouda?

– Münster. Im Supermarkt.

Ein Vater mit seinem kleinen Sohn (ca. drei) zur Stoßzeit im Supermarkt. Das Kind sitzt im Kindersitz im Einkaufswagen. Vor der Käsetheke stehen Paletten und viele Leute. Es ist sehr eng.

Vater (liebevoll): »Papa lässt dich mal eben ganz kurz hier stehen und kauft ein bisschen Käse, ja?«
Kind: »Ich glaube, das könnte mir das Herz brechen.«

er hatte das kühemelken satt

– Bochum. Vor einem Kiosk.

Zwei Jungs um die zwölf.

#1: »Hey, was macht dein Vater von Beruf?«
#2: »Der ist Bauer, weißt du?«
#1: »Echt?«
#2: »Ja, voll krass … der baut Straßen!«

vergeigte androhung

– Berlin. In der U-Bahn.

Mutter zu ihrem Kind: »Wenn du nicht leise bist, entfällt der Violinenunterricht.«

ob das die ältere schwester auch öfter spielt?

– Im Unterallgäu.

Im Garten spielen zwei Mädchen (beide ca. sieben). Der kleine Bruder (ca. vier) will auch mitspielen. Darauf die große Schwester:

»O.K., du bist der Polizist, und wir sind in der Disco. Und du musst uns da rausholen, weil wir sind ja noch keine 18!«

dominas in der manege

– Darmstadt. Elisabethenstraße.

Eine Mutter geht mit ihrem ungefähr fünfjährigen Sohn die Straße entlang und passiert dabei einen Sexshop. In dessen Schaufenster steht eine Puppe, die Reizwäsche trägt und eine Pferdepeitsche in der Hand hält. Der Junge sagt dazu:

»Oh guck mal, Mami, ein Zirkus!«

es war einen versuch wert

– München.

Ein Vater und sein Sohn (ca. vier) stehen in einem Drogeriemarkt. Plötzlich zieht der Junge aufgeregt am Ärmel des Vaters.

Sohn: »Papa, wir dürfen bloß nicht das Futter für's Meerschweinchen vergessen!«
Vater (schmunzelnd): »Lass uns damit warten, bis wir mal ein Meerschweinchen haben.«

ich bin ein biber!

– Freiburg.

Kind (ca. drei) zeigt auf ein Bild.

Kind: »Schau mal, Mama, eine Katze!«
Mama: »Nein, Schatz, das ist ein Biber!«
Kind: »Butzemann?«

es lebe der zwergenaufstand!

– Sonthofen.

Mutter näht ein Faschingskostüm für ihren Sohn (fünf). Als er nach Hause kommt, soll er es anprobieren.

Sohn: »Mama, damit seh ich nich aus wie ein Zwerg. Ich seh aus wie ein Depp … wie ein Volldepp!«

einen schwangermachtest bitte!

– Hannover.

Mutter holt ihren sechsjährigen Sohn bei einem Freund ab.

Kind: (total begeistert): »Mama, ich möchte auch einen kleinen Bruder haben!«
Mutter: »Äh … nee … Justus, das ist gar nicht so toll! Kleine Brüder können nämlich ganz schön nervig sein. Die wollen dann immer mit dir spielen und so. Das solltest du dir gut überlegen.«
Kind: »Ja, das ist mir aber egal! Ich will trotzdem einen kleinen Bruder! BITTEEEE!!!«
Mutter: »Äh, ja, Justus, wie soll ich sagen?! Das ist nicht so einfach! Ich …«
Kind: »Wieso denn? Das versteh ich nicht! Das ist doch nicht schwer! Du kannst doch auch einfach auf so einen Streifen pinkeln!!!«

wer im glashaus sitzt …

– Magdeburg. In der Straßenbahn.

Ein Vater bringt seine Tochter (ca. vier bis fünf) mit der Straßenbahn zum Kindergarten. Anscheinend hat er einige Probleme im Umgang mit ihr und fängt schließlich an, ihr zu drohen.

Vater: »Wenn du dich nicht gleich ordentlich benimmst, sage ich das heute Abend der Mama!«

Einen Moment herrscht gespenstische Ruhe, dann meint die Kleine für alle anderen deutlich hörbar:

»Und dann sage ich, dass du im Keller immer in den Ausguss pullerst!«

meinst du den erzeuger oder den ernährer?

– Bensheim. Im Kindergarten.

Eine Mutter holt ihren Sohn ab. Als dieser beim Anziehen trödelt, sagt sie:

»Los, beeil dich, der Papa wartet.«

Darauf das Kind in voller Lautstärke: »WELCHER?«

die lösung für die schuldenkrise: frag den weihnachtsmann!

– Leipzig.

Im Kindergarten gibt es einen Musiktag. Die Kinder dürfen verschiedene Instrumente ausprobieren. Der Kleine kommt begeistert heim.

Sohn: »Mama! Ich kann Geige spielen! Ich möchte eine Geige zu Weihnachten haben.«
Mutter: »Eine Geige?! Da leihen wir besser erst mal eine, die sind richtig teuer.«
Sohn: »Aber, Mama! Deswegen wünsch ich mir die doch zu Weihnachten! Weil dann musst du die nicht selbst bezahlen.«

sie wollte den gorilla, sie bekam den bürohengst

– Brüssel. Im Büro.

Eine Kollegin nimmt ihre dreijährige Tochter mit ins Büro. Die Kleine schaut sich um und fragt dann enttäuscht:

»Mama, wo sind denn jetzt die ganzen Affen?«

seine ersten worte waren …

– Essen. In der Straßenbahnlinie 18, an der Hobeisenbrücke.

Eine recht attraktive Mutter sitzt mit ihrem Sohn (ca. drei) in der Bahn. Den beiden gegenüber ein Straßenbahnfahrer beim Dienstwechsel.

Sohn: »Mama, wer ist das?«
Bahnfahrer: »Ich bin ein Bahnfahrer. Und wer ist die nette Frau neben dir?«
Sohn: »Das ist Porno Bunny!«

liebe mit 100 dezibel

– München.

Eine junge Mutter betritt mit ihrem Sohn (ca. zwei) eine Bibliothek.

Mutter: »Pscht, jetzt sind wir in der Bibliothek, da muss man ganz leise sein!«

Der offenbar redselige Junge ist unleidig.

Mutter: »Das ist die Bibliothek, da muss man flüstern, sonst stört man die Leute!«
Sohn (raumfüllend): »Mami, ich LIEBE dich!«

der heilige unfall?

– Heilbronn. In einer Kirche.

Ein dreijähriger Knirps ist wohl zum ersten Mal in der Kirche. Sichtlich erschüttert betrachtet er mit großen Augen den fast lebensgroßen Jesus am Kreuz.

Kind: »Papa, wer ist das?«
Vater: »Das ist der Jesus.«
Kind: »Ach du grüne Neune! Wie ist denn das passiert?«

diplomatische diss-tour in dis-dur

– Stuttgart. Auf der Königstraße.

Eine junge Straßenmusikerin (ca. 16) steht mit einem bereits mit einigen Münzen gefüllten Koffer vor sich in der Fußgängerzone und spielt hingebungsvoll Geige. Ein kleiner Junge (ca. 6) sieht sich das Ganze eine Weile an. Als das Mädchen dann eine kurze Pause einlegt, geht er zu ihr hin und fragt sie:

»Darfst du daheim nicht üben?«

ob mr. right schon zähne hat?

– Landsberg. In einer Eisdiele.

Eine Mutter sitzt mit ihrer Tochter (ca. fünf) beim Eisessen. Das kleine Mädchen schaut verträumt in die Ferne und fragt dann die Mutter unvermittelt:

»Mama, was glaubst du, ob mein zukünftiger Ehemann wohl schon lebt?«

daran erkennt man eine wahre thüringerin

– Erfurt. Im Zoo.

Ein kleines Mädchen (ca. sechs) wird gefragt, was ihr Lieblingstier sei. Sie überlegt lange und sagt schließlich mit einem Nicken:

»Die Bratwurst!«

dr. dent. sieht's entspannt

– Erlangen-Sieglitzhof.

Eine Gruppe Mädchen im Grundschulalter ist in einem beschaulichen Viertel auf Halloweenstreifzug und plündert die Goldgruben, also die Mehrfamilienhäuser.

Mädchen: »Und jetzt klingeln wir alle durch, nur nicht beim Zahnarzt, der gibt wieder nur Zahnpasta.«

nach der käsetheke bitte wenden

– Halle-Bruckdorf. In einem Supermarkt.

An der Kasse, eine ältere Kundin bezahlt.

Kassiererin: »Haben Sie 'ne Kundenkarte?«
Kundin: »Wozu? Ist Ihr Laden so unübersichtlich?«

DIE SCHRÄGSTEN SONDERLINGE – „IST IHR LADEN SO UNÜBERSICHTLICH?"

Sie sind die eigentlichen Helden von belauscht.de, die Sonderlinge, Misfits, die Spleenigen und die Kauze Deutschlands. Zugegeben: Sie nehmen im ewigen Kreislauf des Lauschens und Belauschtwerdens die unteren Plätze in der Nahrungskette ein. Doch weit gefehlt, wer sie deswegen unterschätzt. Denn sie liefern jene Lausch-Nahrung, die unsere Plätze und Straßen, Wartezimmer und Supermärkte erst zu lebenswerten, weil unterhaltsamen Orten machen. Ihr Lebensraum: Manchmal findet man sie im Fettnäpfchen, öfter jedoch auf dem Schlauch, meistens sind sie aber vollkommen neben der Spur anzutreffen. Wir haben sie über die Jahre hinweg wohl am liebsten gewonnen – sorgen sie doch immer wieder dafür, dass sich die Grenzen unseres Lausch-Universums ständig erweitern. Folgen Sie uns in die wundersame Welt der schrägsten Sonderlinge …

kalt erwischt

– Bochum-Wattenscheid. An einem Kiosk.

Kunde: »Ich hätte gerne 'ne Dose Cola!«
Verkäufer: »Kalt?«
Kunde: »Ooch, wenn man 'ne Jacke anhat, geht's.«

nasty stuff

– Bernau/Felden. In einem Fast-Food-Restaurant.

Als ich mir den Eistee der Marke »Nestea« aus dem Automaten lasse, fragt mich ein amerikanischer Gast:

»Oh, good, something to drink. What do you drink there, Sir?«
Ich: »That's Nestea.«
Gast (erstaunt): »Why do you drink it then?«

als ob die nicht schon genug probleme hätten

– Im Fernsehen.

Am Wochenende, an dem der Papst Deutschland besuchte, in einer Nachrichtensendung:

»In der Nähe des Veranstaltungsortes feuerte ein Mann mit einem Luftgewehr auf Sicherheitsleute, der Papst selbst traf Missbrauchsopfer.«

der saftneurotiker

– Augsburg-Lechhausen. Im Aldi an der Kasse.

Eine Frau, deren Einkaufswagen übervoll ist, fragt einen Typen hinter sich.

Sie: »Haben Sie nur den Orangensaft?«
Er: »Was geht Sie das bitte schön an?«
Sie: »Ich hätte Sie vorgelassen, falls Sie nur den Orangensaft haben.«
Er: »Kann man hier nicht mal mehr in Ruhe 'nen Saft kaufen, oder was?«

Er stellt sich dann aber doch vor die Frau.

Sie: »Sehen Sie, ist doch alles kein Problem.«
Er (wutschnaubend): »Für Sie vielleicht nicht, aber mein Tag ist jetzt versaut!«

warum ist papa bloß kein bayern-fan?

– Erlangen. Vor dem E-Werk.

Nach der Liveübertragung des Bundesligaspiels Wolfsburg gegen Nürnberg. Der »KClub« hat 1:3 verloren, die Stimmung ist dementsprechend schlecht. Ein etwa 40-jähriger Mann setzt sich auf sein Fahrrad und verabschiedet sich von seinen Kumpels:

»So a Scheißspiel! Ich geh jetzt ham und schlag mein Sohn. Also, servus!«

sieben milliarden menschen leiden darunter

– Berlin. Prinzenstraße.

In der U-Bahn treffen sich zwei junge Männer, die sich offensichtlich kennen.

#1: »Ey, Alter, so'n Zufall. Wo kommst du denn her?«
#2: »Ich komm gerade von 'ner Therapie und fahr jetzt nach Hause.«
#1: »Was haste denn? Rücken?«
#2: »Nee, Verhalten.«

die rache kam postwendend

– Marburg. Industriestraße.

Im Fressnapf, einem Geschäft für Tierbedarf. Zwei Männer (ca. 50) unterhalten sich.

#1: »... und noch Katzenstreu.«
#2: »Das bestellen wir jetzt immer über Amazon mit DHL! Weil sich meine Frau doch so über den DHL-Fahrer geärgert hat. Soll der sich doch damit schön abplagen.«

meine gastfamilie: ein absoluter durchfall

– Maikammer. In einem Restaurant.

Ein altes Ehepaar ist fertig mit seinem Abendessen. Es gab Wildfleischbraten mit Bratkartoffeln und Bohnen. Der Mann hat noch ein kleines Häufchen auf seinem Teller übrig, als der Kellner zum Abräumen kommt.

Kellner: »Hat es geschmeckt?«
Mann: »Sehr gut, danke. Den Rest packen Sie mir bitte für unser Au-pair-Mädchen ein.«

Der Kellner schaut etwas befremdet, woraufhin der Mann noch nachlegt:

»Jaja, die kann gerade eh nicht so viel essen. Die hat die Scheißerei.«

unter den talaren …

– Halle. Im H&M.

Ich stehe mit einer Freundin an der Kasse. Hinter uns zwei Frauen. Die eine ist komplett in Business-Schwarz gekleidet.

Frau in Schwarz: »Ich mache zwar meinen Doktor in Jura, aber ich trage immer noch Hello-Kitty-Unterwäsche. Irgendwie muss man ja jung bleiben.«

von schleck und schnurrenmüller?

– Herne. Beim Tierarzt.

Ich sitze im Wartebereich des Tierarztes, von wo aus man die Gespräche am Empfang verfolgen kann.

Mann: »Ich brauche einen Termin für meine Katzen Sabine und Gudrun.«
Angestellte: »Dann bräuchte ich erst mal den Nachnamen.«
Mann (total verwirrt): »Von den Katzen?!«
Angestellte: »Nein, Ihren.«

streichelzoo in der gefriertruhe?

– Mainz.

Ein Förster verbringt einen Tag im Wald mit der zweiten Klasse einer Waldorfschule. Die Kinder können ihm Fragen stellen.

Kind: »Was ist denn Ihr Lieblingstier?«
Förster: »Totes Reh.«

das sprudel-komplott

– Regensburg. Im Bus.

Zwei ältere Damen unterhalten sich.

#1: »Jetzt heißt's ja wieder, man soll viel trinken, gell, weil schon wieder so viele ältere Leute eingeliefert worden sind wegen Austrocknung.«
#2: »Des hat's doch früher aa ned geben. Mei Mutter hat in der Früh a Tass Tee trunken, nachmittags a Haferl Kaffee und auf d'Nacht a Glaserl Bier. Und die is an Altersschwäche gstorben. I glaub, da steckt was anders dahinter. I glaub, des is a Verschwörung von der Mineralwasserindustrie.«

der preis ist heiß … und fettig

– Hannover. Cinemaxx am Raschplatz.

An der Kinokasse.

Kunde: »Ich hätte gerne die Popcorn für 3,90.«

Der Verkäufer überreicht die besagte Popcorntüte.

Kunde: »Was macht das?«

die wahrheit bleibt

– Leipzig. Reudnitzer Straße.

In der Mittagspause. Ich gehe mit einem Kollegen zum Bistro. Wir laufen an einem Hauseingang vorbei, in dem ein Typ gerade seine Jacke ordnet.

Typ: »Können Sie mir helfen? Ich bin gerade überfallen worden!«
Wir: »WAS sind Sie?!? Hier?«
Typ: »Ja, Handy, Geld, alles weg.«
Wir: »Wie können wir helfen?«
Typ: »Haben Sie vielleicht einen Euro?«
Wir: »Äh, sollen wir nicht lieber die Polizei rufen?«
Typ: »Nein, besser nicht, ich bin selber Verbrecher.«

hier ist nicht nur das geschirr nicht mehr ganz sauber

– Herne. In der Innenstadt.

Junge Frau steht laut telefonierend auf der Straße:

»Wat sachse da? Die Kurze hat dat Spülmittel getrunken? Ey, und womit soll ich jetzt spülen? Dat geht aber nich!«

endkampf zwischen nerd und nashorn

– Im ICE von Hamburg nach Berlin.

Zwei Jungs (ca. acht und zehn) unterhalten sich über ein Computerspiel. Der Jüngere erklärt dem Älteren, wie ein gewisser Endgegner aussieht.

#1: »… er ist halb Mensch und halb Nashorn. Er steht auf zwei Beinen, sieht aber sonst aus wie ein Nashorn. Mit Horn auf der Stirn!«
#2 (interessiert): »Und was kann er für Attacken?«
#1: »Er kann dich überrennen, dann bist du sofort tot! Dann kann er dich schlagen, und er kann dich mit Felsen bewerfen!«
#2 (verwundert): »Wie kann ein Nashorn Felsen werfen? Das hat doch keine Daumen!?«

über tripadvisor kamen sie sicher nicht …

– Düsseldorf. Ratinger Straße.

In einer Eckkneipe. Eine Gruppe Touristen kommt rein.

Touristin zu Wirt: »Can I have the menu please?«
Wirt (genervt): »Nee!«
Touristin (irritiert): »But do you have a menu?«
Wirt: »This is eine Bierkneipe. We are kein Café. You can have Bier und Schnapps.«

bei blondi und adi sieht sie rot

– Göttingen. Auf der Shoppingmeile.

Zwei Eis schleckende Teeniemädchen gehen in der Innenstadt Göttingens dicht neben mir her.

#1: »Keine Hunde, sagt meine Mutter, die soll ich ihr gar nicht erst ins Haus schleppen – und kein Sex mit Nazis.«
#2: »Klingt fair.«

bloß nicht unter buchdruck setzen …

– Herne. Innenstadt.

Ein Ehepaar steht vor dem Schaufenster einer Buchhandlung und bespricht die Weihnachtsgeschenke für den Nachwuchs, offensichtlich einen Sohn.

Er: »So, was haben wir denn bis jetzt?«
Sie: »Hm, also von unseren Eltern bekommt er das Smartphone, wir haben das Tablet und das digitale Teleskop für ihn. Was kann man denn da noch als Kleinigkeit dazupacken?«
Er (schaut ins Schaufenster): »Guck mal, das große Fußball-Lexikon. Das wär doch was für ihn.«
Sie: »Nee, nee, ein Buch mit seinen fünf Jahren … Jetzt überfordere den Jungen doch nicht!«

das brot aus einer anderen zeit

– Geeste, Schaftritt. In einer Bäckerei.

Die Kundin vor mir ist an der Reihe und meint zur Verkäuferin:

»So, ich hätte morgen gerne ein Brot von gestern … das möchte ich aber heute schon mitnehmen.«

an eitelkeit ist noch keiner gestorben

– Kamen-Heeren. In einem Supermarkt.

Die Kundin vor mir an der Kasse drückt auf die Folientastatur der Zigarettenausgabe, und die gewünschte Packung poltert auf das Band. Sie liest den Warnhinweis auf der Packung:

»Rauchen lässt Ihre Haut altern.«

Sie wendet sich etwas verstört an die Kassiererin: »Kann ich die umtauschen?«
Kassiererin: »Drücken Sie halt einfach noch mal auf die gleiche Sorte.«

Nach erneuter Auswahl landet eine Packung mit anderer Aufschrift auf dem Band.

»Rauchen kann tödlich sein.«

Kassiererin: »Und, passt jetzt?«
Kundin (zufrieden): »Ja, damit kann ich leben!«

lost in trainslation

– Im InterCity von Frankfurt nach Hamburg.

Ein Mann steht im Waggon eines InterCity im Gang und wirkt etwas verloren. Ein Zugbegleiter taucht auf.

Mann: »Entschuldigung ... der letzte Wagen ... ist der jetzt hinten oder vorn? Ich bin jetzt schon zweimal durch den Zug gelaufen, aber gefunden hab ich ihn nicht!?«

super mama world

– Würselen. Im Supermarkt.

Junge #1: »Boah, meine Ma nervt voll.«
Junge #2: »Bist du blöd oder so, guck mal meine, die is' voll der krasse Endgegner!«

das muss `ne ganz schlimme firmenfeier gewesen sein

– Ulm. In der Kaffeeküche eines Unternehmens.

Chef: »Letztens komme ich dann in die Bar, da ruft plötzlich eine Frau: ›Da ist er ja!‹ … und ein halbes Dutzend Frauen kommt freudig auf mich zugerannt.«
Angestellte: »Haben die dich für 'nen Stripper gehalten?«
Chef: »Nee, für 'nen Taxifahrer.«

der stinkefinger der großstadt

– Berlin. U-Bahn-Station Boddinstraße.

Es herrscht hektisches Gedränge. Plötzlich ruft ein Typ aus der Menge mit lautstarker, alkoholisierter Stimme:

»Kannste dich nich mal entschuljijen, oder wat?«

Er streckt dabei seinen erhobenen Mittelfinger in die Luft. Ein kleiner Junge (ca. fünf) meint daraufhin mit einem tiefen Seufzer:

»Tjaja, das ist halt Berlin, kannste nix mach'n.«

wetterkunde in weiß-blau

– Auf dem Wallberg am Tegernsee.

An einem wolkenverhangenen Sommertag. Ein Rentnerehepaar schaut über die Landschaft in den sehr grauen bewölkten Himmel. In tiefstem Bayrisch folgender Dialog:

Er: »Das Wetter ist auch nicht mehr, was es mal war.«
Sie: »Ja, seitdem der Franz Josef tot ist.«

don't be gentle, it's a rental

– In einem österreichischen Skigebiet.

In einem Skigebiet in Österreich kreuzt eine Straße, die mit Splitt gestreut ist, die Piste. Alle Skifahrer müssen anhalten, die Skier abschnallen und die Straße queren. Plötzlich kommt von hinten einer angebrettert und brüllt nur laut:

»AAACHTUNG, LEEEIIIIIIHSKIIIIII!«

… und fährt mit einem Affenzahn über die splittbestreute Straße.

traumjob und traumfrau

– München. Im Zug.

Ein Mann versucht, ein Gespräch mit seinem Gegenüber zu beginnen:

Mann: »Jetzt ist die schönste Zeit des Tages.«
Gegenüber: »Und warum das?«
Mann (während er eine Flasche Bier öffnet): »Nicht mehr in der Arbeit und noch nicht zu Hause!«

nur die flasche ist noch da …

– Würzburg. Kneipe »Standard« in der Oberthürstraße.

Ein recht angetrunkener Gast nach der letzten Runde verzweifelt zu seinem Freund:

»Ich weiß nicht, wo meine Freundin ist. Und ich weiß nicht, wo mein Wegbier ist. Und ich weiß wirklich nicht, was schlimmer ist …«

zurück in die beziehungskrise

– Leipzig. Im Conrad-Elektronik in der Markranstädterstraße.

Eine junge Kundin steht an der Information.

Kundin: »Ich suche einen Fluxkompensator. Haben Sie den hier?«
Verkäufer: »Nee, nicht dass ich wüsste. Was ist denn das?«
Kundin: »Keine Ahnung, mein Freund möchte den haben.«
Verkäufer: »Ich sehe mal im Computer nach ...«
Sie: »Er wird auf jeden Fall mit ›X‹ geschrieben und soll wohl so ungefähr 30 Euro kosten, sagt mein Freund.«

Es kommen schließlich noch drei weitere Verkäufer hinzu und überlegen, wo man einen Fluxkompensator für 30 Euro denn erwerben könnte. Sie beharrt darauf, dass ihr Freund unbedingt und ganz schnell einen Fluxkompensator braucht. Ein weiterer Kunde löst es dann auf, und sie läuft mit hochrotem Gesicht aus dem Laden.

einmal waschen, schneiden, schweigen, bitte

– Überlingen. Beim Friseur.

Friseurin versucht, einen älteren Neukunden (ca. 60) in ein Gespräch zu verwickeln.

Friseurin: »Was machen Sie eigentlich beruflich?«
Kunde (empört): »Na, hören Sie mal, ich frage Sie doch auch nicht, was Sie beruflich machen!«

schwieriges beruferaten

– Paderborn. In einem Bus.

Ein Fahrgast betritt den Bus. Fahrer und Fahrgast kennen sich augenscheinlich.

Fahrgast: »Jaja, ich arbeite nicht mehr als Elektriker, bin jetzt da in dem Lager bei Wulf …«
Fahrer: »Aha.«
Fahrgast: »Du, ich hab ja gehört, du arbeitest jetzt auch nicht mehr als Elektriker?«
Fahrer: »Nee, nicht mehr.«
Fahrgast: »Und? Was machst du jetzt beruflich?«
Fahrer (verdutzt): »Äh, bitte was?«
Fahrgast: »Ich meine, was du jetzt tust?«

(Pause)

Fahrer: »Ich bin jetzt Lokführer, aber weil wir gerade streiken, verdiene ich mir mit Busfahren was hinzu.«

hanswurst in uniform

– Kiel. In einem Penny-Markt.

An der Kasse. Die Kassiererin schaut eine Kundin verwirrt an.

Kassiererin: »Gerade war ein Mann hier, der wollte wissen, ob wir Wurstwasser im Sortiment haben.«
Kundin: »Ich hoffe, Sie haben ihn ordentlich ausgelacht!«
Kassiererin: »Das ging nicht!«
Kundin: »Warum?«
Kassiererin: »Der trug eine Polizeiuniform.«

kommt philosoph von »viel saufen«?

– Köln. U-Bahn-Linie 18.

Auf der nächtlichen Heimfahrt von Köln nach Brühl. Schräg gegenüber sitzt ein schwerstalkoholisierter Mann. Auf einmal brüllt er quer durch den Waggon:

»Alles, was dahin gehört, wo's hingehört, gehört dahin, wo's hingehört!«

Nach einer kurzen dramatischen Pause dann noch ein wenig lauter:

»Das gilt für alles!«

auf den hund gekommen

– Duisburg. An der Ruhr.

Ein Mann mit zwei Hunden betritt eine Kneipe. An der Theke lehnt ein anderer Mann, der bereits gut vollgetankt hat. Schwankend wendet er sich den Hunden zu, betrachtet sie sinnend und teilt der überraschten Menschheit mit:

»Ich wollt, ich wär zwei Hünde. Dann könnt ich zusammen spielen!«

das war aber eine muggelpackung

– Ibbenbüren. Im Kino.

Beim Verlassen des neuen Harry-Potter-Films eine Stimme hinter mir:

»Der war ja total unrealistisch!«

nebenwirkung von »tokio hotel«?

– Dresden. In einer Drogerie.

Ich höre das Gespräch zweier etwa 15-jähriger Jungs mit. Sie stehen vor dem Regal mit den Schwangerschaftstests und beraten sich. Einer der beiden:

»Also, wir nehmen immer den hier …«

nach dem einparken: aus der haut fahren

– Augsburg. Ampel vor dem Hotelturm.

Ein Fahrschulauto steht vor der grünen Ampel. Autos hupen. Plötzlich öffnet sich die Türe, der Fahrlehrer springt aus dem Auto, geht zu dem hinter ihm stehenden Fahrzeug und klopft an die Fahrerscheibe. Als diese sich öffnet, sagt er:

»Kumm geh vor und bring ihras Autofahrn bei … I hup für di weida!«

argument vor der zerreißprobe

– Bremerhaven. Stadtmitte.

Auf dem Nachhauseweg von einer Hochschulparty. Zwei Polizistinnen stoppen das Auto.

Polizistin: »Guten Tag. Verkehrskontrolle, Führerschein und Fahrzeugpapiere, bitte.«

Die Fahrerin sucht und findet ihren Führerschein und die Kopie des Fahrzeugscheins. Sie übergibt beides der Polizistin.

Polizistin: »Ja, Sie wissen aber, dass das nur eine Kopie des Fahrzeugscheins ist und Sie das Original mit sich führen müssen?«
Fahrerin: »Ja, das tut mir leid. Mir wurde immer gesagt, ich solle das Original nicht im Auto haben …«
Polizistin: »Aber Ihnen ist doch klar, dass, wenn ich die Kopie Ihres Fahrzeugscheins zerreiße, dann haben Sie nichts mehr!«
Fahrerin (leicht verwirrt): »Ja, aber wenn Sie das Original zerreißen, habe ich doch auch nichts mehr?«

kenne dein kind

– Darmstadt. In einem Kaufhaus.

Vorweihnachtszeit. Vater und Sohn (ca. fünf) stehen an der Kasse in der Spielwarenabteilung.

Verkäuferin: »Soll's als Weihnachtsgeschenk eingepackt werden?«
Vater zum Sohn: »Wollen wir es noch einpacken lassen oder willst du es gleich hier kaputt machen?«

jede berufsgruppe hat mit ihren klischees zu kämpfen

– Frankfurt. Zeilgalerie.

Im Lush-Shop hat sich eine Kundin durch die Reihen der Badebomben geschnuppert.

Kundin (zur Verkäuferin): »Hätten Sie ein Taschentuch? Immer wenn ich hier bin, seh ich hinterher aus, als hätte ich ne Koksnase …«
Verkäuferin: »Och, das fällt im Bankenviertel nicht auf.«

statt langem atem kurze leine

– Schopfheim. In einem Laden.

Ein kleines Kind macht im Laden Krawall. Die Mutter ist sichtlich genervt und schreit den Jungen an:

»Wenn du dich nicht benimmst, geht's schwuppdiwupp zurück auf den Hundeübungsplatz!«

vater, sohn und spiritus merkel?

– Weingarten. In der Demenzabteilung eines Altersheims.

Einen Tag vor den Wahlen in Baden-Württemberg wird der Zivi von einer dementen Frau auf das Thema Landtagswahlen angesprochen.

Frau: »Wen würden Sie denn wählen?«
Zivi: »Grün, und wen würden Sie wählen?«
Frau: »Na, die CDU natürlich!«
Zivi: »Und warum gerade die CDU?«
Frau: »Na, sonst komme ich doch nicht in den Himmel!«

ihm mangelt es an sozialem engagement

– Schifferstadt. In einer Sporthalle.

Zwei Trainingskameraden (#1 ist 22, #2 ist 14 Jahre alt) unterhalten sich über die Freundin von #2.

#*1:* »Und wie alt ist sie?«
#*2:* »13 …«
#*1:* »Und … habt ihr schon …?«
#*2:* »Nein …«
#*1:* »Warum nicht?«
#*2:* »20 Sozialstunden?«

schnorren wie ein rockstar

– Bremen. Vor dem Hauptbahnhof.

Ein Punk läuft mit einem Blechbecher herum, um zu schnorren. Er kommt auf mich zu und fragt:

»Hast du mal ein bisschen Kleingeld für Alkohol, Drogen oder billige Prostituierte?«

was wurde eigentlich aus den helden der 90er?

– Frankfurt am Main. In der S-Bahn.

Neben uns sitzen zwei Gangstas und unterhalten sich.

#1: »Ey, Alda, ich war heute voll sozial. Da war so 'ne Omma, die is nich über die Straße gekomm, dann hab isch der voll geholfen, und dann war die voll fröhlich!«
#2: »Haha, du bist ja voll der Held, Alda.«
#1: »Klar, ich war nicht umsonst drei Jahre Power Ranger.«

orale oder intravenöse ernährung

– Bremen. In einem Aldi.

Ein junges Pärchen brütet über der Einkaufsliste.

Er: »Essen ist immer gut, sonst kaufen wir von dem Geld nur wieder Alkohol und Drogen.«

im zweifel für den angenuschelten

– Berlin. In einer Bäckerei.

Die Verkäuferin reicht einem Kunden seine Backwaren.

Verkäuferin: »Dreieuroneunzigbitte!«
Kunde: »Wie bitte?«
Verkäuferin (lauter): »Drei Euro neunzig.«

Der Kunde zahlt und geht. Die Verkäuferin wendet sich erstaunt zur nächsten Kundin.

Verkäuferin: »Nuschel ich?«
Kundin: »Wie bitte?«

und es gibt sie doch noch …

– Bremen. Obernstraße.

Beim Spaziergang durch die Bremer Innenstadt bemerke ich zwei an einer Hauswand sitzende Punks, die Passanten nach 'nem Euro fragen.

#1: » … haben Sie mal 'nen Glückscent für uns?«
#2: »Für die Zerstörung von Tokio Hotel!«

er vergaß wurstwasser, fahrradschlauch und mundgeruch

– Berlin. In der Straßenbahn.

Drei Jungen unterhalten sich und kommen auf das Thema Elemente:

#1: »Wie viele Elemente gibt es eigentlich?«
#2 (blickt zu #3, dem Ältesten, auf): »Sechs, oder?«
#3: »Nee, es gibt zwölf!«
#2: »Ja, genau. Stimmt! Zwölf waren da!«
#1: »Und was für welche waren das?«
#2: »Na, Wasser, Feuer, Liebe, Erde …«
#3: » … und dann noch Kraft … und die vierte Dimension!«
#1: »Echt?!? Wusst ich nicht!«
#3 (gönnerhaft): »Na ja, das lernt ihr auch noch in Physik!«

shoppen in guter gesellschaft

– Dresden. In einem Rewe-Supermarkt.

Ein kleiner Junge klettert in einer leeren Kasse herum. Seine Mutter, die gerade an der Nachbarkasse bezahlt, ermahnt ihn.

Mutter: »Kevin, hör auf rumzutoben!«
Der Kleine: »WARUM, MAMA?«
Mutter: »Weil du hier nicht im Netto bist!«

spiel nicht mit den schmuddelschnauzern

– Wien. An einer Fußgängerampel.

Die Ampel ist rot. Neben mir steht ein alter, wohlbetuchter Wiener Herr mit einem angeleinten Beagle. Der Hund zerrt an der Leine und will über die Straße – die Ampel ist immer noch rot. Sagt der feine Herr zu seinem Hund:

»Ah gehhh, Joseph, benimm dich nicht wie ein Arbeiterkind!«

willkommen im exzess-express

– Im Intercity von Berlin nach München.

Zum dritten Mal innerhalb einer halben Stunde geht eine Bahnmitarbeiterin durch das Abteil mit einem Essens-Trolley, um Kaffee, Brötchen und Schokoriegel anzubieten. Während sie sich an ihrem Schaffnerkollegen vorbeischiebt, ruft sie laut und vernehmlich:

»Schnaps, Bier, Zigaretten, Kondome!«

für das seminar war es höchste zeit

– Frankfurt. In der S-Bahn.

Eine junge Frau telefoniert:

»Hallo, mein Name ist Schmidt. Ich habe gleich ein Seminar bei Ihnen und wollte Bescheid sagen, dass ich etwas später komme …«

»… etwa 10 Minuten.«

»Ja genau: das Seminar zum Zeitmanagement.«

einkaufing for beginners

– Bergkamen. In der Schule, 10. Klasse.

Die Schüler sollen als Vorbereitung auf die zentrale Abschlussprüfung einen kleinen Text auf Englisch über ihre Hobbys und Freizeitbeschäftigungen schreiben.

Schüler: »Was heißt denn Shoppen auf Englisch?«

wenn flipper keinen bock mehr hat

– Dresden. In einer Straßenbahn.

Zwei Mädels um die 20, die eine mit einer Greenpeace-Broschüre, unterhalten sich über den Niedergang der Ökosphäre.

#1: »Hier steht, dass seit einigen Jahren immer mehr Delfine Selbstmord begehen. Kollektiven Selbstmord!«
#2: »Krass!«

#2 (nach einigem Überlegen): »Ist das jetzt gut oder schlecht?«

mensch-tier-ehe: doch legal?

– Oldenburg. Beim Tierarzt.

Ich sitze mit meiner Katze im Wartezimmer. Die Tür zum Empfang ist dort immer geöffnet. Da kommt eine Frau mit einer kleinen Transportbox rein und sagt, dass ihr Mäxchen zur Nachuntersuchung muss. Um das Tier zuordnen zu können, fragt die Arzthelferin:

»Wie ist denn der Nachname?«
Kundin (sichtlich irritiert): »Ähm … Meerschweinchen?«

der beginn einer wunderbaren freundschaft

– Limburg. In einer Jugendherberge.

Junger Typ und junge Frau an der Rezeption.

Sie: »Hallo, ich bin Anna.«
Er: »Ich bin der Florian.«
Sie: »Ey, tut mir leid, aber ich mag den Namen Florian gar nicht. Der ist genauso schlimm wie Stefan und Christian.«

Er (mit säuerlichem Gesicht): »So heißen meine beiden Brüder.«

gott sei dank hatte sie eine dicke pelle

– München. In einem Supermarkt.

Eine Mitarbeiterin ist damit beschäftigt, ein Kühlregal mit Wurstwaren aufzufüllen. Eine Kundin kommt dazu.

Kundin: »Entschuldigung, sind Sie die Wurst?«

das erklärt einiges

– Stubaier Gletscher, Österreich.

Unterhaltung eines Elternpaars in einem Sessellift. Sie reden scheinbar über die Tochter, die gerade einen Skikurs besucht.

Er: »Okay, sie hat vormittags zwei Stunden von 10 bis 12, dann eine Stunde Pause und dann noch mal zwei Stunden von 12 bis 14 Uhr.«
Sie: »Nee, sie hat doch eine Stunde Mittagspause von 12 bis 13 Uhr.«
Er: »Jaja, deswegen sagte ich ja auch, zwei Stunden Unterricht von 14 bis 15 Uhr ...«
Sie: »Das kommt nicht hin, von 13 bis 15 Uhr – das mit dem Rechnen, das müssen wir aber noch lernen.«
Er: »Ja, Mathe war noch nie mein Ding, deswegen bin ich ja auch Banker – wir rechnen nicht mehr, wir wetten!«

die gefährten unterwegs

– Dortmund. Im Cinestar.

Frau an der Kinokasse vor mir zur Mitarbeiterin:

»Viermal Hobbit, einmal Student.«

im bierdunst verloren

– Hamburg. In der S-Bahn.

Vor mir sitzen zwei Mädels, so ungefähr 16 Jahre. Die eine hat gerade eine SMS bekommen.

#1: »Wer hat denn geschrieben?«
#2 (seufzt): »ER schon wieder.«
#1: »Was will der denn?«
#2: »Er hat geschrieben: ›*Wo bist du :(?*‹«
#1: »Er hat's nicht gecheckt, oder?«

Mädel #2 will anscheinend gerade zurückschreiben, da bekommt sie noch eine SMS.

#2 (nüchtern): »Okay, er ist betrunken.«
#1: »Woher weißt du das denn?«
#2: »Jetzt schreibt er: ›*Wo bin ICH?*‹«

trotz abschluss keine klasse

– Paderborn. Beim Fotografen.

Wir treffen uns beim Fotografen, um Fotos für die Abizeitung zu machen. Ein paar Mädels sind besonders aufgetakelt. Da stellt die eine plötzlich die Frage:

»Sehe ich teuer aus?«

alles auf rot?

– Büren-Steinhausen. In einem Dönerladen.

Kunde: »Was für Soßen habt ihr?«
Dönermann (auf die Soßen zeigend): »Die rote, die eine und die andere.«

erziehungstipps à la heidi klum

– Konstanz. In der Fußgängerzone.

Junge hübsche Mutter (ca. 20) mit ihrer kleinen Tochter (ca. drei) in der Fußgängerzone. Die Kleine schreit und heult aus vollem Hals.

Mutter: »Leni, hör jetzt auf zu weinen! Wer weint, wird hässlich! Und wer hässlich ist, bekommt keine Freunde!«

bereits kondolierte ware ist vom umtausch ausgeschlossen

– Berlin. In einem Drogeriemarkt.

Eine junge Frau steht an der Kasse eines Berliner Drogeriemarktes und möchte einige gekaufte Trauerkarten zurückgeben.

Verkäuferin: »Is derjenige wiederufferstanden, oder watt?«

nomen est klingelton

– Im ICE von München nach Hannover.

Eine Reihe vor mir klingelt ein Handy. Als Klingelton hört man durch das ganze Abteil das Blöken eines Schafes. Der Besitzer des Handys nimmt den Anruf entgegen:

»... Schäfer?!«

die plautze macht den mann

– Berlin. Im Kaufland am Gesundbrunnen.

Ich sehe mir gerade die angebotenen Adventskalender an. Darunter ist auch einer mit spärlich bekleideten Männern speziell für die Damenwelt. Ein stark übergewichtiger Mann stellt sich daneben, nimmt einen von den Adventskalendern raus und meint zu seiner Frau:

»Immer diese nackten Männer überall. Wo man auch hinschaut. Das verwirrt doch die Frauen! Dann wissen sie gar nicht mehr, wie ein richtiger Mann heutzutage aussieht …«

Danach stellt er ihn wieder zurück und geht kopfschüttelnd mit seinem Einkaufswagen weiter.

auweia, die eier sind los

– Langeoog. Auf dem Markt.

Mann beim Einkauf auf dem Markt an der Hauptstraße.

Mann: »Sind das Eier aus Käfighaltung?«
Marktfrau: »Nee, wir haben nur freilaufende Eier!«

krieg der nachbarn: erster akt

– Gladbeck. In einer Arztpraxis.

Eine etwas betagte Patientin kommt in die Praxis und drückt der Sprechstundenhilfe eine kleine Tupperdose in die Hand.

Patientin: »Ich muss mal meinen Urin kontrollieren lassen.«

Sie reicht der Sprechstundenhilfe die Plastikdose.

Patientin: »Ich sag's ihnen aber gleich. Das Töpfchen muss ich wieder zurückhaben, das gehört nämlich meiner Nachbarin.«

der krieg ums wasser hat begonnen

– Auf dem Haldern Pop Festival 2009.

Auf dem Zeltplatz, Samstagmorgen, neun Uhr.

Typ #1 (entsetzt zu Typ #2): »Was machst du denn mit dem Wasser?!«
Typ #2 (leicht irritiert): »Trinken.«
Typ #1: »Bist du bescheuert? Das ist zum Zähneputzen, wir ham doch Bier!«

keine lust auf lolita

– Berlin. H&M.

Mutter und Tochter (ca. 13) stehen in der Unterwäscheabteilung im H&M. Die Mutter zeigt auf eine BH-Tanga-Kombination.

Mutter: »Wie wär's damit?«
Tochter: »Mama, ich bin 13 Jahre alt. Warum willst du, dass ich mich anziehe wie eine Hure?«

these shoes were made for talking

– Gera. Auf einer Schlittschuhbahn.

Ich bin dabei, meinem Sohn die Schlittschuhe anzuziehen. Auf der Bank neben mir sitzen zwei junge Mädchen (ca. 15). Sie rätseln gerade darüber, wo sie ihre teuren Markenschuhe abstellen sollen, ohne dass sie geklaut werden.

#*1:* »Mann, wo soll ich'n meine Schuhe hintun?«
#*2:* »Du musst die hier hinstelln, oder willst se mit aufs Eis nehm?«
#*1 (zu ihren Schuhen):* »Also, wenn euch jemand klauen will, WEHRT euch, ja?!«

der weg zum glück ist von minen gepflastert

– Rheine. In der Schule.

Ein Junge spielt energisch und schnell Minesweeper am Computer – ein Mitschüler bekommt das mit und meint:

»Alter, du kannst das ja megagut! Voll schnell!«

Junge: »Ja schon, aber das macht mich auch nicht mehr glücklich.«

fußballvision song contest

– Köln. In der Straßenbahn.

Während der WM 2006. Vor der Partie England gegen Schweden.

Eine Horde englischer Fans in der Straßenbahn Richtung Stadion intoniert lautstark den Klassiker »Three Lions«.

Fans: »It's coming home, it's coming home, it's coming … Football's coming home …«

In der Bahn sitzen auch schwedische Fans, die weitaus zurückhaltender sind. Plötzlich entsteht eine Gesangspause. Ein Engländer ergreift das Wort und schreit auffordernd in Richtung schwedischer Fans:

»SWEDEN!!! GIVE US A SONG!!!«

(Stille)

Dann, aus der hintersten Ecke der Bahn antwortet eine zarte Stimme und stimmt den unverkennbaren ABBA-Song an:

»Knowing me, knowing you … ah aaa …«

und zu hause spielt der trauermarsch?

– Dortmund. Im Konzerthaus.

Beim 10. Philharmonischen Konzert. Ungefähr zwei Minuten nach Beginn ertönt in einer Pause aus den vorderen Reihen eine Handymelodie. Einige fangen an zu tuscheln, als sich plötzlich der Dirigent umdreht und, ohne die Miene zu verziehen, sagt:

»Wenn es meine Frau ist: Ich hab zu tun.«

Ohne ein weiteres Wort dreht er sich um und beginnt das Stück von vorn.

haarige angelegenheit

– Köln. In der S-Bahn.

S12 Höhe Ehrenfeld. Ein offensichtlich der Emo-Szene zugehöriger junger Mann mit ins Gesicht gezogenen schwarzen Haaren telefoniert:

»Ja, meine Eltern haben mich vorhin rausgeschmissen. Die haben echt voll durchgedreht. Ich such jetzt erst mal einen Platz zum Schlafen heute Nacht … zuerst haben sie mir meinen Computer weggenommen und haben meinen Base-Vertrag gekündigt … und mein Glätteisen haben sie mir auch weggenommen!«

sprich nicht mit der katzenfrau

– Veitsbronn. In einer Metzgerei.

Eine Oma ist an der Reihe. Nachdem sie umständlich und unentschlossen ihre 300 Gramm Aufschnitt ausgesucht hat, fällt ihr noch das Wichtigste ein.

Oma: »Jetzt brauch ich noch Futter für meinen Kater, den Süßen!«

(unentschlossene Pause)

»Aaaaachhh … was soll ich denn nehmen? Wissen Sie, mein Kater, der ist doch soooo heikel. Nachher frisst er's mir wieder nicht, dann darf ich's wieder essen.«

die höflichkeitsform ist dem verb sein tod

– Berlin. Im McDonald's.

Sie: »Kann ich mal die Cola?«
Er: »Da fehlt ein Verb!«
Sie (leicht genervt): »BITTE!«

geldsorgen der etwas anderen art

– Berlin. Wedding.

In der U-Bahn sitzen sich zwei stark nach Alkohol riechende Penner gegenüber.

#1: »Boah, ich bekomm 170 Euro im Monat. Wenn ich nicht saufen würde, wüsst ich gar nicht wohin mit dem ganzen Geld ...«

aus: 100 arten, ein feuer zu löschen

– Gescher. In der Wohnung einer Freundin.

Typ #1: »Weißt du noch, als wir bei Stefan das Feuer ausgekotzt haben?«
Typ #2: »Ja klar, Mann. Ey, das war soooo männlich!«

auch ne art, sich die kleinen vom hals zu halten

– Karlsruhe.

An Halloween klingelten unsere Kinder bei Nachbarn, die bei den Zeugen Jehovas sind.

Kinder: »SÜSSES ODER SAURES!«
Nachbar: »Wir geben nichts! Wir glauben nicht an Halloween.«

diese gesprächsidee wäre besser ungeboren geblieben

– Berlin. In einer Drogerie.

Ich lege einen Schwangerschaftstest an der Kasse aufs Band.

Kassiererin (höchst erfreut): »Den brauchen Sie nicht, Sie sind's!«
Ich: »Ähm, wie bitte ...?«
Kassiererin: »Na, ich sehe es doch, Sie sind schwanger.«
Ich: »...«
Kassiererin: »Oh, Sie wollen das gar nicht?«
Ich: »Nee, eigentlich nicht ...«

Kassiererin scannt verschämt und bleibt stumm.

bei diesen früchten bin ich leidenschaftslos

– München. Schwabing.

Im Rewe-Supermarkt im Parkstadtcenter. Ich stehe an der Kasse und möchte eine Passionsfrucht kaufen. Die Frau an der Kasse kann offensichtlich nicht allzu viel damit anfangen. Sie guckt auf die Frucht, hält sie dann hoch und dreht sich um, um ihre Kollegin um Rat zu fragen:

#1: »Ey! Was ist das denn für ein Obst?«
#2: »99 Cent!«

oder dreißigtausend weniger erbe?

– Bad Homburg.

Vor unserem Hauseingang.

Ein Mann mit seinem ca. neunjährigen Sohn klingelt bei einem unserer Nachbarn.

Sohn: »Du, Papa, was heißt das ›Dr.‹ auf Onkel Bastis Klingel?«

Vater (trocken): »Drei Jahre Müßiggang.«

you buy it, you name it

– Berlin. Hauptbahnhof.

Eine Gruppe Schwaben, die zu Besuch in Berlin ist, möchte bei einem Bäcker Nusshörnchen kaufen.

Verkäuferin: »Guten Tag, was darf's sein?«
Schwabe: »Diese Hörnle da!«
Verkäuferin: »Bitte? Was möchten Sie?«
Schwabe: »Diese Hörnle da!«
Verkäuferin: »Das ist ein Nusshörnchen, wenn Sie es gekauft haben, können Sie es nennen, wie Sie wollen!«
Schwabe: »Okay, ich nehm's.«

der bob im manne

– Oberhausen. Im Lego-Store.

Ein Kunde steht mit seiner Frau (ohne Kind) und einer Packung Legofiguren in der Hand an der Kasse. Die Verkäuferin schaut die Frau fragend an:

»Na, und wie alt ist denn Ihr kleiner Baumeister?«

Der Mann antwortet trocken: »38 Jahre ...«

was nie jemand behauptet hat

– Bremen-Sebaldsbrück.

Ein Junge steht allein in der Linie 10 der Bremer Straßenbahn. Plötzlich ruft er:

»Ich bin NICHT Hitler!«

Er guckt kurz nachdenklich, ruft dann weiter:

»Wirklich nicht!«

glück beginnt beim busenhalter?!

– Karlsruhe. Kaiserstraße.

Zwei Mädels (zwischen 16 und 18) gehen in der Fußgängerzone an mir vorbei.

#1: »Also 75B brauchst du schon, um effektiv glücklich sein zu können.«

absurd alaaf?!

– Bonn. Im Baumarkt an der Kasse.

Kassiererin: »Danke für Ihren Einkauf und schönes Tra-la-la noch.«
Kunde: »Tra-la-la?«
Kassiererin: »Ist doch viel besser als ›schöne Karnevalszeit‹. Das klingt wie eine Beerdigung.«
Kunde: »Na, dann wünsche ich ein schönes Ram-tamtam!«

dem gespräch das genick gebrochen

– Oldenburg. Am Busbahnhof.

Eine junge Frau sitzt im Bus, als ein Mann im etwa gleichen Alter sich ihr gegenübersetzt.

Sie (schaut ihn an): »Mensch, dich kenn ich doch irgendwoher… Hab ich dich nicht mal vom Liegestuhl geschubst, als du zwei gebrochene Arme hattest?«
Er (in trockenem Ton): »Jaaaa.«
Sie (nachdenklich): »Das war jetzt kein guter Konversationsansatz, oder?«
Er (wieder trocken): »Nein.«

Schweigen für den Rest der Fahrt.

voll dick ist nicht voll fett

– Stuttgart. Im Kaufland.

Zwei Jungs (ca. 13) suchen sich im Supermarkt Süßigkeiten aus.

#1: »Ey, wir nehmen die Soft-Cakes hier, mit Orange, okay?«
#2: »1500 Kalorien, sag mal, spinnst du? Such was anderes!«

petra pan

– Augsburg. Universität, Alte Cafeteria.

Zwei Mädels unterhalten sich neben mir am Tisch über die Dinge des Lebens.

#1: »Ich hab da einfach keine Lust mehr drauf. Diese ganze Profilierungsscheiße, immer besser als die andern sein zu müssen ... ich will wieder'n Kind sein!«

(auf einmal schluchzend)

»Ich will 'nen Hund!«

knofi vs. achselschweiß

– Neuss. Auf einer Kegelbahn.

Es findet ein Treffen einiger User eines Internetforums statt. Einer in der Gruppe bestellt Pizza.

#1: »Bestellt noch jemand von euch Pizza mit Knoblauch? Ich will nicht der Einzige sein, der stinkt!«
#2: »Ich bin auf einem Internettreffen. Ich ging eigentlich davon aus, dass hier jeder stinkt!«

außen stachelig, innen weich

– Lobstädt. Im Bus.

Im völlig mit Schülern (Gymnasium, Förderschule und Grundschule) überfüllten Bus. Ein kleiner Junge bewirft einen größeren, der durch seinen schlechten Ruf bekannt ist, mit einer Kastanie.

Der Beworfene (dreht sich um): »Ey! Wer war das?«

Er erblickt den kleinen Werfer.

»Hast du 'nen Vollknall, mit einer Kastanie zu werfen?! Daraus hätte man 'nen Igel basteln können!«

groß geworden auf der neverland ranch?

– Kiel. In der Diskothek Atrium.

Zwei südländische Typen um die 30 an der Bar.

#1: »Ey, Alda, ich mein, würdest du für eine Million Euro mit zwölf Männern in die Kiste steigen?«
#2 (ernst): »Ich würde alles machen, um mit zwölf Männern in die Kiste zu steigen.«

Darauf geht der eine empört weg, der zweite bleibt überrascht und verwundert stehen.

die abstinenz-affäre

– Kassel. Im Expressbus 500.

Ich sitze mit meiner Schwester im Expressbus Kassel–Bad Wildungen. Hinter uns unterhalten sich ein junger Mann und eine junge Frau.

Sie: »Ja, er hat ja jetzt eine neue Freundin …«
Er: »Echt? Was is das für eine?«
Sie: »Ach, so ne Komische. Die macht ne Ausbildung, raucht nicht, trinkt nicht und lässt ihn nicht besoffen Auto fahren.«
Er: »Was will er denn mit so einer??«

youporn statt das letzte einhorn

– Dortmund. Westenhellweg.

In der Fußgängerzone wird eine Umfrage durchgeführt. Passanten werden befragt, ob und, wenn ja, was sie ihren Kindern und Enkelkindern vorlesen. Ein älterer Herr Mitte 60 wird angesprochen.

Umfrager: »Wir machen eine Umfrage für das XY-Institut. Wenn Sie Ihren Enkelkindern etwas vorlesen, was ist es dann?«
Mann: »Wattttt? Vorlesen sachnse? Nääää du, aus dem Alter sind se raus. Die poppen ja schon! Da is nix mehr mit Märchen, die drehen ihre eigenen!«

für ihn geht heute nicht nur die sonne unter …

– Berlin. Ecke See- und Müllerstraße.

Eine Gruppe halbstarker Jungs schlendert im Sonnenuntergang die Straße entlang. Von Weitem taucht die Silhouette einer hübschen Frau auf. Nach dem üblichen Getuschel (»Geil, die Alte!«) ruft einer der Jungs:

»Ey! Ich will ein Kind von dir!«

Darauf die Angerufene:

»Hakan, du BIST ein Kind von mir!«

buchstäblich tabu

– München. In einer Hauptschule.

Während der Mittagsbetreuung. Drei Betreuer und einige Kinder (ca. 11-14) sitzen im Aufenthaltsraum und spielen Tabu. #1 muss den Begriff Stammbaum erklären.

#1: »Alder, also … isch fick deine Generation … isch fick dein …!«
#2: »Isch fick dein Mudda!«
#1: »NEIN! … isch fick deine Ge-ne-ra-tion – isch fick dein … !!?«
#2: »STAMMBAUM!«
#1: »KORREKT!!!«

traumfrau oder traumwelt

– Bremen. Straßenbahnlinie 4.

Zwei Jungs mit Migrationshintergrund unterhalten sich über ein Mädel.

#1: »Alda, ich habe die so in die Herz gesaved. Ohne Scheiß, die ist Traumfrau.«
#2: »Wie Traumfrau? Isch dachte, die ist echt?«
#1: »Die ist echt, Alda. Traumfrau sagt man so bei den Kartoffeln.«
#2: »Versteh ich nicht. Wie kann sein, dass Frau in echt Traumfrau ist.«
#1: »Alda, keine Ahnung. Hast du was zu kiffen?«

reihern wie ein rohrspatz

– Köln. Im Bus.

Zwei Mädchen (ca. 14) unterhalten sich. Eine kurze Stille setzt ein, dann:

#1: »Weißt du, was total lustig ist?«
#2: »Nö, was denn?«
#1: »Wenn du kotzen musst und dabei Schimpfwörter rufst. Das hab ich gestern gemacht.«
#2: »Cool!«

heißt es deswegen »homepage«?

– Hannover.

Mein Opa (80) hat seit Kurzem einen Laptop mit Internetzugang und auch eine E-Mail-Adresse, die mein Vater ihm eingerichtet hat. Als er eine E-Mail mit Fotos im Anhang bekommt, weiß er nicht, wie er diese öffnen kann, und ruft meine Schwester an, damit sie ihm hilft.

Schwester: »Opa, wo bist du denn? Bei yahoo oder bei web.de?«
Opa: »Ich bin zu Hause!«

dieses gespräch ist richtungsweisend

– Kastellaun. Brüderweg 164.

Auf der Nature One. Ein offensichtlich unter Drogen stehender junger Mann wankt auf ein ebenso unter Drogen stehendes Mädchen zu.

Er: »Entschuldigung, wo geht's hier geradeaus?«
Sie: »Da vorne links!«

hangover – die rentnerversion?

– Emden. Im Regionalexpress.

Im Zug sitzt ein ca. 17-jähriges Mädchen mit einem Freund. Sie bekommt eine SMS und liest laut vor:

»Hey, Süße, uns geht's super, hauen uns immer. Gruß und Kuss, Julius!«

(Pause)

Sie: »Hmm, keine Ahnung, wer Julius ist, keine Ahnung wer ›wir‹ ist … und das kommt von meiner Oma!«

noch 'ne frau … supergau

– Wuppertal. Im Bus.

Ein Mann und eine Frau begegnen sich. Sie scheinen einander zu kennen.

Sie: »Hallo, wie geht es Ihnen so?«
Er: »Dat Leben läuft halt irgendwie.«
Sie: »Und? Was macht die Frau so?«
Er: »WAT?! Ich hab 'ne Frau?! Ach du Scheiße …«
Sie: » … Ähh … beim letzten Mal habe ich Sie doch mit Ihrer Frau zusammen getroffen, oder?«
Er: »Ach so, DIE … von der habe ich mich schon längst scheiden lassen.«
Sie: »Oh, das tut mir aber leid!«
Er: »Nich schlimm! Aber Sie glauben nicht, was für einen Schrecken Sie mir eingejagt haben!«

kamellensturm, konfettikanonen und bonbonbomben

– Köln. Rudolfplatz.

Altweiberfasching. Eine übergewichtige Prinzessin steht volltrunken, mit schiefem Diadem, völlig verdreckten Stiefeln und zerstörtem Make-up an einer roten Ampel und beäugt misstrauisch und depressiv das jäcke Treiben der Kölner gegen halb drei in der Nacht.

Prinzessin (zu sich selbst): »Kein Wunder, dass wir den Krieg verloren haben!«

bei personalmangel: multiple persönlichkeiten

– Meppen. Bei einem Optiker.

Die Verkäuferin vertröstet einen Kunden, dessen Brille repariert werden soll:

»Heute Nachmittag wär's besser, dann bin ich zu zweit.«

er kann nur ziegen kriegen

– Oldenburg. In der Fußgängerzone.

Ein etwas schmuddeliger Typ vom Zirkus steht mit einer Ziege auf der Straße und sammelt Geld. Eine junge Frau, die gerade ein Brötchen isst, kommt vorbei.

Er: »Hey du, meine Ziege würde gerne dein Brötchen vernaschen.«
Sie: »Tja, ich würde mein Brötchen lieber behalten.«

(kurze Pause)

Er: »Hey du, ich würde dich gerne vernaschen.«

Sie schaut irritiert und geht etwas schneller weiter.

Typ (zu seiner Ziege): »Guck nicht so, die Welt ist halt schlecht.«

guter duft, schlechtes deutsch

– Frankfurt am Main. Auf der Zeil.

In einer Apotheke. Während ich auf meine Frau warte, die gerade bezahlt, betrachtet eine Gruppe Amerikaner einen Warenständer mit Badezusätzen. Eine Frau aus der Gruppe nimmt einen der Badezusätze vom Ständer und fragt ihre Begleiter erstaunt und leicht entsetzt:

»Bad aroma! Who would want to buy that?«

da tut der duden not

– Wuppertal.

Es ist bald Weihnachten. Meine Mutter sitzt im Wohnzimmer und liest Zeitung, mein Vater rennt durch die Wohnung und sucht irgendwas.

Er (im Vorbeigehen): »Schatz, was schenken wir denn eigentlich der Mutti?«
Sie (ohne aufzublicken): »DUDEN.«
Er (überrascht): »Was denn – ICH DENN?«

Er hat das Zimmer bereits verlassen, sie blickt nach kurzer Pause auf und murmelt irritiert:

»Wieso ER DENN?«

soko ringelkatze

– Augsburg. Im Radio.

In den Medien kursiert die Nachricht über einen frei laufenden Tiger, der in Augsburg gesichtet worden sei. Auf Radio Bayern 5 wird gemeldet:

»Zwischenzeitlich sucht die Polizei mit Streifen nach dem Tiger.«

ob er es überlebt hat?

– Dresden. Ufa-Kino.

Ein alter Mann an der Kinokasse:

»Einmal ›Stirb langsam‹ für Rentner bitte!«

obergäriges brot

– Leverkusen. Neukauf Opladen.

In der Bäckerei.

Kunde: »Könnse mir ein Brot empfehlen?«
Verkäuferin: »Also, im Angebot ist grade das Monheimer Altbierbrot.«
Kunde: »Gibbet dat auch mit Kölsch?«

das prinzip »gegenschall«

– Duisburg. Im Regionalexpress 5 Richtung Oberhausen.

Ein etwa 45-Jähriger sitzt neben einem Teenager, der ultralaute Technomusik über Kopfhörer hört. Der Mann, sichtlich genervt, wendet sich an eine Mutter mit Kind (ca. zwei) und ruft quer durch den Waggon:

»Können Sie nicht mal dafür sorgen, dass Ihr Kind schreit, weint oder laut quengelt? Die Kacke neben mir ist ja nicht zum Aushalten!«

was katzenberger kann, kann katz schon lang

– Hamburg. In der U-Bahn.

In der U-Bahn. Zwei einander unbekannte Frauen, Mitte 40, sitzen nebeneinander. Die eine liest in einer losen Blattsammlung.

#1: »Was lesen Sie denn da?«
#2: »Einen Auszug aus einer Biografie eines Musikers.«
#1: »Interessant, ich schreibe gerade auch eine Biografie … über meine Katze.«

joystick und hut steh'n ihm gut

– Stuttgart. In der U-Bahn.

Zwei coole Jungs (um die 18) unterhalten sich. Der eine zieht seine Mütze vom Kopf und sagt in sich versunken:

»Mann, an dich Mütze hab ich so viele Erinnerungen …«

Er wendet sich erklärend zu seinem Kollegen:

»Mit der hab ich meine ganzen Xbox-Spiele durchgespielt!«

1351 a.d.: sie war dabei

– München. U-Bahn-Station Odeonsplatz.

Zwei ältere Damen unterhalten sich an der U-Bahn-Haltestelle Odeonsplatz, als sie auf den Gleisen eine Ratte erspähen. Höchst echauffiert beschweren sie sich in den folgenden Minuten über die Art und Weise, wie die Menschen achtlos ihren Müll entsorgen und somit die Ratten erst ermöglichen.

Als die U-Bahn endlich einfährt, sagt eine der Damen im Brustton der Überzeugung:

»Und wenn nachher die Pest ausbricht, will's wieder keiner gewesen sein!«

guter start, schlechtes finish

– Bonn. Im McDonald's.

Kunde: »Ich hätte gerne eine Apfeltasche.«
Verkäuferin: »Tut mir leid, die sind aus.«
Kunde (überlegt einen kurzen Moment): »Hm, okay, dann nehm ich sechs Cheeseburger!«

natürlich pink

– Augsburg-Göggingen. In der Straßenbahn.

Zwei Mädels (ca. 13) sitzen neben mir in der Tram. Die eine hat knallpinke Haare.

Pink: »Also, irgendwie hätt ich schon gerne mal wieder 'ne neue Farbe. Was meinst du?«
Freundin: »Hm ja ... Hey, ich glaub, schwarze Haare würden dir echt gut stehen.«
Pink: »Schwarz??? Nee, das würden meine Eltern niemals erlauben!«

nullnummer sucht anschluss

– Bielefeld. An der Universität.

In einem Seminar. Ein Informatik-Nerd regt sich über ein Bildbearbeitungsprogramm auf:

»... das beginnt mit dem Zählen bei eins? In einer Welt, in der bei eins angefangen wird zu zählen, will ICH nicht existieren!«

die spielregeln des lebens

– In der Bahn zwischen Bochum und Witten.

Zwei Teenagermädels unterhalten sich.

#1: »Und was hat deine Mutter für 'ne Figur?«
#2: »Geht so. Erstema schwanger, zweitema schwanger, drittema schwanger, viertema: GAME OVER!«

ene, mene, muh, und hier schläfst du …

– Berlin. Otto-Suhr-Allee.

Sonntagmorgen, kurz vor neun Uhr. Ich liege im Bett und höre, wie mein Nachbar ziemlich betrunken vor dem Haus herumrumort. Er steht dabei der Hausseite zugewandt, wo die Balkone unserer 45 Mietparteien zu sehen sind. Schließlich höre ich ihn reden:

»So viele Wohnungen und ich weiß gar nicht, welche meine ist.«

omi und der rollator des verderbens

– Laboe an der Ostsee.

200 Männer in Motorradoutfits machen Mittagspause und haben ihre schweren Motorräder auf dem Dorfplatz verteilt. Eine ältere Dame, klein und gebückt, kommt mit ihrem Rollator des Weges. Sie bleibt mit der Laufhilfe am Stiefel eines Motorradfahrers hängen.

Oma (höflich): »Entschuldigung.«

Sie läuft, hoppelt weiter, und wir hören dann noch:

»Och, da hätte ich beinahe einen Rocker überfahren!«

Das 17-uhr-meeting mit dem sohnemann

– Dresden. Im Kaufland.

Ein kleiner Junge (ca. zwei) bittet seinen Vater um ein Eis. Sein intellektueller, sicherlich eher selten einkaufender Vater entgegnet:

»Ich habe zur Eisfrage bereits abschließend Stellung bezogen!«

… wenn's mal schnell gehen muss

– Stuttgart. Im Besitos.

Beim Speed-Dating stehen die männlichen Dater zusammen. Die Moderatorin fragt nach der Motivation, am Speed-Dating teilzunehmen.

Speed-Dater: »Ich habe eigentlich einen Gutschein zum Geburtstag für den Pussy Club in Fellbach gekriegt. Den hat aber die Polizei zugemacht. Da haben die mir 'nen Gutschein fürs Speed-Dating geschenkt. …ist ja so ähnlich.«

positiv: langer akku, negativ: kein stand-by-modus

– Hude bei Oldenburg.

Bei der Arbeit. Eine Kollegin, die zurzeit in Elternzeit ist, kam uns bei der Arbeit besuchen, um uns ihre wenige Wochen alte Tochter zu zeigen.

Ein technisch sehr versierter Kollege: »Und, bist du zufrieden mit ihren Features?«

p-c-m …? ach, l-m-a-a!

– Berlin. Saarbrücker Straße.

In einem Handy- und Computergeschäft berät der Verkäufer eine junge Kundin.

Er: »Also, da brauchen Sie eine PCMCIA-Karte.«
Sie: »Was für ein Ding?«
Er: »Am besten, Sie schreiben sich das auf. P-C-M-C-I-A.«
Sie (schreibt mit, versteht aber nicht): »Waaas?«
Er: »Paula-Cäsar-Martha-Cäsar-Ida-Anton.«
Sie (verärgert): »Können Sie vielleicht mal aufhören, sinnlos Wörter aneinanderzureihen?«

damit so etwas nicht mehr vorkommt

– Trier. Hauptbahnhof.

Mutter (korpulente, etwas asozial wirkende Frau Mitte 20) geht mit ihrem stark quengelnden Kind am Burger King vorbei. Vor der Eingangstür setzt sich das Mädchen auf den Boden und fängt an zu schreien und zu weinen. Die Mutter brüllt das Kind an:

»Boah, wenn ich wüsste, wer dein Vater ist, dem würd ich mal gut in die Eier treten!«

gib mir tiernamen, helga

– Salzgitter. In einem Bus.

Ich sitze im Bus der Linie 606. Vor mir befindet sich eine leere Vierersitzgruppe. An der nächsten Haltestelle steigt ein älteres Ehepaar ein. Die Oma setzt sich erst rückwärts hin und der Opa vorwärts.

Oma: »Ach, ich kann ja gar nicht rückwärts sitzen, da wird mir immer schlecht.«
Opa: »Ich schon, ich stell mir einfach vor, ich sei ein Krebs, die laufen auch immer rückwärts.«

Daraufhin tauschen die beiden die Plätze.

böse oma, böses omen

– Bad Homburg. Louisenstraße.

In der Fußgängerzone steht eine Mutter mit Kinderwagen. Das Baby weint und schreit herzerweichend. Zwei 70-jährige Frauen gehen vorbei. Die eine schaut in den Kinderwagen und kommentiert laut hörbar:

»Wenn der mal groß wird, verdrischt der seine Mutter! So ein boshaftes Schreien!«

surreales lautsprechergeflüster

– Berlin. Flughafen Tegel.

Ich warte auf meinen Flug nach Bayern.

Durchsage 1: »Der Besitzer einer goldenen Kiste möge sich bitte zur Information begeben!«

Die Durchsage wird zweimal wiederholt.

(kurze Pause)

Durchsage 2: »Die Dame, die gerade beim Friseur war, möge sich bitte wieder bei Selbigem melden!«

Die Durchsage wird zweimal wiederholt.

(kurze Pause)

Durchsage 3: »Der Besitzer der goldenen Kiste möge sich bitte zur Information begeben! Es wurde jetzt ein passender goldener Schlüssel gefunden.«

(Pause)

Durchsage 4: »Die Dame, die vorhin schon beim Friseur war, möge bitte NOCH EINMAL zurückkommen!«

andere fächer, andere sinnen

– Siegen. An einer Bushaltestelle.

Ein Student und eine Studentin unterhalten sich über die anstehende Bachelorarbeit. Er erzählt, dass er sich noch einen betreuenden Dozenten suchen müsse.

Studentin: »Ja, und ziehst du dir dann irgendwas Schickes an, wenn du dir den Dozenten suchst?«
Student: »Ach Quatsch! Ich studiere Soziale Arbeit, der kann froh sein, wenn ich 'ne Hose anhab!«

saure wickel

– Augsburg. In einem Rewe.

Ein junger Mann mit Frischhaltefolie und Zitronensaft in der Hand spricht eine Verkäuferin an.

Kunde: »Wie gut eignet sich denn diese Folie, um jemanden darin einzuwickeln?«
Verkäuferin: »Äh, für was?«
Kunde: »Jemanden einwickeln, für Folienbondage.«
Verkäuferin (irritiert): »Äh, das weiß ich nicht, hat noch niemand bisher gefragt, aber für was brauchen Sie denn dann den Zitronensaft?«
Kunde: »Für Cocktails natürlich, ich bin doch nicht pervers!«

sie weiß, was frauen wirklich wollen

– Mainz. In einem Aldi.

An der Kasse steht ein Mann in der Schlange. Die Kassiererin fängt an, seinen Einkauf zu scannen. Seinen abgepackten Brokkoli scannt sie und legt ihn sogleich hinter sich zu anderen Waren, die zurückgegeben wurden.

Kassiererin (mit leicht osteuropäischem Akzent): »Sie holen sich gleich neue Brokkoli!«

Der Mann schaut verdutzt.

Kassiererin (weiter scannend): »Sie bezahlen jetzt bei mir und holen sich gleich neue Brokkoli. Der ist nix mehr schön!«

Der Herr scheint es nicht zu verstehen.

Kassiererin (scannend): »Sie holen sich neue, schöne Brokkoli. Sonst gibt zu Hause geschimpft!«

Der Herr zuckt mit den Schultern.

Kassiererin (scannend): »Ja, ich kenn das von mein Mann, wenn ich den losschicke. Muss ich immer aufpassen!«

Er bezahlt.

Kassiererin: »Ihren Wagen lassen Sie bei mir stehen, ja hier, genau so! Und jetzt holen Sie schöne Brokkoli.«

Er geht mit hängenden Schultern gen Gemüseregal.

bitte gib mir nur ein wort

– Bielefeld. Am Jahnplatz.

Ein schmuddelig gekleideter Punk bettelt vor dem Karstadt und fragt die Leute, ob sie ein paar Cent übrig hätten. Als ein Mädchen ohne Kommentar vorbeigeht, ruft er ihm nach:

»Du kannst ja wenigstens was sagen! Ja! Nein! Geh arbeiten!«

ein mann wie ein anorak

– München. In der Tram am Nordbad.

Ein kalter, windiger Herbsttag. Auf einem Viererplatz neben der Tür sitzt ein schlankes junges Mädchen, das für das Wetter etwas zu leicht angezogen ist. Neben ihr ein kräftiger Mann, der in alle Richtungen zwei Meter misst. Als die Trambahn sich der Haltestelle nähert, macht der Mann Anstalten aufzustehen. Das Mädchen daraufhin völlig schockiert:

»Sie können doch nicht aussteigen! Sie sind mein Windschutz!«

doctor house auf schwäbisch

– Stuttgart. Im Aufzug des Marienhospitals.

Im Aufzug des Klinikums befinden sich unter anderem zwei Frauen mit zwei Kindern. Ein älterer Chefarzt steigt zu. Der kleine Junge (ca. fünf) mit langen blonden Haaren mustert den Chefarzt.

Junge: »Duuu … bist du hier der Doktor?«
Arzt: »Na ja, einer von vielen eben.«
Junge: »Also wenn ICH mal groß bin, dann will ich Ritter werden und kein Doktor!«
Arzt: »Du kannst doch gar kein Ritter werden, du siehst ja aus wie ein Mädchen.«

Der Chefarzt steigt aus und hinterlässt einen zu Tode betrübten Jungen. Die zwei Frauen beginnen eine lebhafte Diskussion.

#1: »Ich hab dir schon so oft gesagt, bring den Jungen endlich zum Friseur!«
#2: »Nein, Tim darf seine Haare tragen, wie er das möchte!«

wo sie das mit zwölf wohl herhat?

– Bad Lauterberg im Harz. Vitamar Erlebnisbad.

Im Spaßbad gibt es ein Wellenbecken und acht Gummimatten, auf denen man darin herumpaddeln kann. Die Wellenmaschine ist gerade ausgeschaltet, und alle Matten sind belegt, zum Teil von mehreren Kindern gleichzeitig. Am Beckenrand sitzt ein Junge (ca. zehn) allein auf zwei übereinandergestapelten Matten. Ein Mädchen (ca. zwölf) mit drei weiteren Kindern im Schlepptau tritt hinzu.

Mädchen: »Entschuldigung, brauchst du wirklich beide Matten?«
Junge: »Ja, mein Bruder kommt nachher wieder, und ich soll solange auf die aufpassen.«
Mädchen: »Kannst du uns nicht eine Matte geben?«
Junge: »Nein.«
Mädchen: »Aber guck mal, wir sind vier und haben keine Matte, und du bist nur einer, sitzt auf gleich zwei Matten übereinander und benutzt sie nicht mal. Also gib uns bitte eine Matte.«
Junge: »Nein!«
Mädchen (guckt böse, will gerade weggehen, dreht sich noch mal um und ruft): »An solchen Leuten wie dir scheitert der Kommunismus!«

young digital gentleman

– Landshut. Im Bus.

Eine Gruppe Teens (ca. 12 bis 14) stürmt nach der Schule den Bus und unterhält sich recht lautstark über Handys. Nummern und Videoanfragen über Bluetooth schwirren durch den Bus. Folgender Dialog entwickelt sich zwischen einem Jungen und einem Mädchen:

Er: »Eh, ich will dir grad 'nen Video schicken, warum brichst du das ab?«
Sie: »Ich dachte, du willst auf meinem Handy Mist bauen!«
Er: »Eh, ich hack' doch keine Lady!«

große reifen für kleine jungs

– Gießen. In der Ludwigstraße.

Wir stehen an der Ampel und warten darauf, dass es grün wird. Neben uns zwei Skater-Jungs (ca. zwölf). Es kommt ein Auto angefahren.

#1: »Eh, Alda, geh über die Straße.«
#2: »Nein, ich will nicht von 'nem Smart überrollt werden. Ich will von 'nem Monstertruck getötet werden.«

atomlobby ist der neue punk

– Aachen. In der Pontstraße.

Mir kommt eine Gruppe ca. 20-Jähriger entgegen. Ich bekomme noch den letzten Teil der Diskussion mit.

Typ: »… voll, jetzt sind ja alle Atomgegner.«
Tussi: »Ja, voll Mainstream, hab ich gar keinen Bock drauf!«

tausche döner gegen ehering

– Hamburg-Eimsbüttel.

Um die Mittagszeit. Ich koche bei offenem Fenster und lausche den beiden jungen Malern auf dem Gerüst.

#1: »Boah, riecht das ma wieder lecker.«
#2: »Mhmmm.«
#1: »Ich muss auch bald mal heiraten.«
#2: »Ich brauch auch 'ne Olle. Ich kann kein Döner mehr sehen.«

hätte er ihn doch einfach rausgeschubst

– Neumarkt.

Die Bahn ist gerammelt voll und kann nicht losfahren, weil jemand in der Lichtschranke der Tür steht. Ein Mann wendet sich an den Lichtschranken-Blockierer.

Mann: »Sie stehen in der Lichtschranke.«
Typ: »Ah, danke, kann man ja nicht wissen.«

(Pause)

Typ: »Ähm, haben Sie vielleicht 'n Euro?«
Mann: »Nein.«
Typ: »Warum?«
Mann (verdutzt): »Weil ich pleite bin.«
Typ: »Warum?«
Mann: »Was geht Sie denn das an?«
Typ: »Nehmen Sie Drogen?«

Nun sind auch alle Umstehenden verdutzt, und der Mann beschließt, nicht mehr zu antworten.

Typ: »Haben Sie eine Freundin?«

(Mann schweigt)

Typ: »Haben Sie ein Auto?«

(Mann schweigt)

Typ: »Können Sie wenigstens Fußball spielen?«

verdammt haariges fettnäpfchen

– Fürth.

Zwei Mädchen stehen an einer Ampel. Ein Fahrrad rauscht an ihnen vorbei.

1#: »Oh, Mann. Krass! Der Typ sah ja genauso aus wie Elvis. Die gleichen Haare. Obwohl, Elvis hatte keine Haare an den Armen.«

– längere Pause –

2#: »Das war meine Mutter.«

nächster halt: kuschelstunde

– München. Im Bus.

Es ist Feierabend. Der Bus ist sehr überfüllt, der Busfahrer nimmt die Kurven ziemlich schnell. In einer Kurve verliert ein junger Mann (Anfang 20) den Halt und fliegt einer älteren, kleinen Frau mit Rollator auf den Schoß. Die Frau sagt:

»Jetzt bleib einfach sitzen, das ist viel sicherer so, und außerdem ist es schon so lange her, dass ich meine Enkel auf den Schoß nehmen konnte.«

Sie legt die Arme um den jungen Mann und hält ihn die nächsten zwei Stationen fest.

pferdefleisch kommt ticket gleich?

– Dortmund. Im Bus 440 Richtung Flughafen.

Ein älterer Herr, der nicht ganz frisch aussieht, steigt in den Bus und zeigt sein Ticket vor. Der Busfahrer nimmt das Ticket für eine genauere Untersuchung in die Hand.

Busfahrer: »Wo sinse denn vorher eingestiegen?«
Alter Herr: »In der Innenstadt. Und jetzt war ich noch Einkaufen, in Hombruch.«
Busfahrer: »Das liegt ja nicht auf dem Weg. Mit dem Ticket hier dürfense keine Rundreise machen.«
Alter Herr (in scharfem Ton): »Ich war aber beim Pferdemetzger!«

die jäger der verlorenen kamelle

– Köln. Neumarkt.

Am Karnevalsmontag geht auf dem zentralen Platz in Köln der Punk ab. Überall wird gefeiert. Wir kommen gerade aus der U-Bahn und stehen so, dass man die großen Bagagewagen schon vom Zug aus sehen kann. Eine vierköpfige Familie kommt händewinkend und hektisch auf uns zu.

Vater: »Ey, wo is hier Karneval?«

Mir fällt darauf keine Antwort ein, weil ich die versteckten Kameras suche und völlig verdutzt bin. Darauf der Sohn zu meiner Freundin:

»Ey ja Mann, wo schmeißen die hier die Sachen?«

der dativ ist dem genitiv sein tod – live!

– Euskirchen. In einem Gasthaus.

Während der Versammlung eines Männerchores.

Kellner (kommt in den Versammlungsraum): »Wem ist der Auto für de Düür?«
Antwort eines Gastes: »Isch!«

alte socke in der neuen welt

– Heidelberg. Hauptbahnhof.

Am Bahnsteig. Ein heißer Sommermorgen. Die meisten Wartenden tragen Flipflops oder Sandalen. Ein Mann mit Sandalen in knielangen weißen Tennissocken läuft an allen vorbei und murmelt vor sich hin:

»… tragen alle keine Socken … alle keine Socken …«

adolfinchen gefangen im demenzbunker

– Wien. Josefstadt.

Es klopft am Fenster. Draußen stehen zwei Polizistinnen.

Polizistin #1: »Halten Sie in Ihrer Wohnung eine alte Dame gefangen?«
Bewohnerin: »Nein, nicht dass ich wüsste. Warum?«
Polizistin #2: »Wir wurden aus diesem Haus von einer Dame angerufen, die gefangen gehalten wird. Wissen Sie etwas darüber?«
Bewohnerin: »Nein. Darf ich fragen, wie die Dame geheißen hat?«
Polizistin #1(leise): »Hitler.«
Bewohnerin: »Aha … Aber im dritten Stock wohnt eine verwirrte alte Dame, die immer mal wieder ihren Schlüssel verlegt, die sollten Sie mal fragen.«
Polizistin #1: »Danke. Wir müssen aber trotzdem Ihre Personalien aufnehmen, da wir eine Geiselnahme nicht ausschließen können.«

männerfreundschaften: namen sind wurst

– Heide. Himmelreichstraße.

An einem Grillimbiss. Der Bratwurstmann begrüßt einen Kunden, den er anscheinend häufiger an seiner Bude sieht.

Bratwurstmann: »Hallo, Klaus!«
Kunde: »Hallo, Andreas!«
Bratwurstmann: »Aber, Klaus, ich heiße doch Alexander!«
Kunde: »Ich heiße ja auch eigentlich Karsten.«

betriebsklima: unterkühlt

– Münster. In einem Supermarkt.

An einem heißen Sommertag in einem klimatisierten Supermarkt.

Kunde zum Kassierer, um Small Talk bemüht: »Hier ist es ja auszuhalten.««
Kassierer: »Aber nur für kurze Zeit. Nach einem halben Jahr hätten Sie auch die Schnauze voll von diesem Job.«
Kunde: »Ich meinte die Temperatur.«
Kassierer: »Ach so, ja, die ist okay.«

wenn das bauchgefühl trügt

– Bremen. Straßenbahnlinie 6 Richtung Flughafen.

Feierabendzeit. Alle Plätze sind vollständig belegt. An einer Haltestelle steigt schwerfällig eine augenscheinlich schwangere Frau ein. Eine sehr betagte Dame springt sofort auf und bietet ihren Platz an. Die Frau guckt etwas verdutzt, setzt sich aber trotzdem hin.

Frau: »Warum sind Sie denn aufgesprungen?«
Alte Dame: »Na, weil Sie doch schwanger sind!«
Frau (finster): »Ähm … nun ja, ich bin nicht schwanger …«
Alte Dame (ohne eine Miene zu verziehen): »Dann stehen Sie doch bitte wieder auf! Sie sind wesentlich jünger als ich, eine alte Frau kann nicht so lange stehen.«

kein licht aufgegangen

– Allendorf (Lumda).

Kurz vor Mitternacht höre ich lautes Gelalle vor meinem Haus. Zwei stark angetrunkene Typen (Anfang 20) torkeln die Straße entlang.

#1: »Ey Mann, du bist ja total betrunken …!«
#2 (überzeugt): »Nee, bin ich gar nicht!«
#1: »Doch, du hast grad mit ner Laterne geredet.«
#2: (nachdenklich): »Nee. Ich bin nicht besoffen. Die Laterne wollte nur was wissen …«

die todesfahrt des re 4561

– Frankfurt. Im Zug.

Durchsage: »Wir bitten alle Fahrgäste auszusteigen. Dieser Zug verendet hier.«

DIE DURCHSCHLAGENDSTEN DURCHSAGEN – „DIESER ZUG VERENDET HIER."

Wir werden oft gefragt, ob wir als Lauschprofis überhaupt noch weghören können, wenn wir auf den Straßen und Plätzen unseres schönen Landes unterwegs sind. Ehrlich gesagt, obwohl wir uns seit Jahren mit den Früchten des genauen Zuhörens beschäftigen, hat sich das scheinbar nicht auf unser eigenes Lauschverhalten ausgewirkt. Weder spitzen wir ständig die Ohren, noch schleichen wir uns unauffällig an unsere Mitbürger heran. Wir bekommen von dem ganzen Gerede wahrscheinlich genauso viel oder auch wenig mit wie jeder andere auch. Bis auf eine Ausnahme: Sobald es im Bus, am Bahnsteig oder im Supermarkt in den Lautsprechern knistert, sind wir hellwach – treu der bewährten Lauscher-Regel: Wenn sich eine Durchsage ankündigt, ist ein Belauschnis nicht fern. Mal sind es die routinierten Pointen von Menschen mit jahrelanger Durchsagen-Erfahrung, mal die unfreiwillig komischen Patzer ihrer weniger souveränen Kollegen – Lautsprechergeflüster ist das Lebenselixier eines jeden Lausch-Aficionados. In diesem Sinne: Achtung, Achtung, meine Damen und Herren, wir bitten um Ihre Aufmerksamkeit! Unser Angebot für Sie: feinste Durchsagen – all you can read!

rede nicht mit fremden, mein junge!

– München. Im Michaelibad.

An einem sonnigen Sommertag im Freibad. Eine Lautsprecherdurchsage schallt durch das Gelände:

»Achtung, Achtung! Eine Durchsage: Bei uns an der Information ist ein kleiner Junge von ungefähr drei Jahren; er heißt … (Pause) … wissen wir nicht und ist bekleidet mit … (noch längere Pause) … NICHTS – dieser Junge sucht seine Eltern. Sollten Sie sich angesprochen fühlen oder einfach nur ein nacktes Kind vermissen, melden Sie sich bei der Information.«

last exit: smaland

– Köln. Im Ikea.

Dritter Adventssamstag, ein überfüllter Ikea in Köln. Im Erdgeschoss zwischen Badeteppichen, Duschvorhängen und Bettwäsche gibt es fast kein Vor und Zurück mehr. Dann eine Durchsage über Lautsprecher:

»Der kleine Leo möchte aus dem Smaland abgeholt werden, bitte holen Sie den kleinen Leo ab!«

Ein Mann neben mir (ca. 30) vor sich hinmurmelnd: »Ich wünscht, ich wär der kleine Leo.«

nicht zu fassen

– Bad Münder. In einem Supermarkt.

Durchsage: »Frau Schulze, bitte nicht wieder ALLES anfassen!«

abgekühlte arbeitsatmosphäre

– Gifhorn.

Eine Durchsage im Real Markt:

»Ein Mitarbeiter bitte in die Tiefkühltruhe!«

höhepunkte im leben eines bahners

– Landstuhl. Im Regionalexpress von München nach Trier.

Vom Zug aus sieht man die A6, auf der gerade Stau ist. Durchsage des Zugführers:

»Sehr geehrte Reisende, in Fahrtrichtung rechts sehen Sie die Alternative zur Deutschen Bahn.«

doch das richtige studiert?

– Berlin-Neukölln. In einem vollen Bus im Feierabendverkehr.

An jeder Haltestelle muss der Fahrer die Fahrgäste auffordern, von den hinteren Türen wegzutreten, damit diese sich schließen können. An einer Haltestelle führen dann auch drei höfliche Durchsagen nicht zum Erfolg. Schließlich stellt der Fahrer den Motor ab und sagt:

»Okay, wenn es sein muss, bleiben wir bis zu meinem Dienstschluss hier stehen. Wir können das dann ganz in Ruhe ausdiskutieren.«

Nach einer kleinen Pause fügt er mit leicht drohendem Unterton hinzu:

»Ich kann das, ich war mal Sozialpädagoge!«

hoffentlich ist sie nicht an bord

– Im Landeanflug auf Hamburg.

Durchsage aus dem Cockpit:

»Meine Damen und Herren, in Kürze erreichen wir Hamburg. Bitte schnallen Sie sich an, und stellen Sie Ihre Rückenlehne gerade. Das Wetter in Hamburg ist trüb und ungemütlich – genauso wie meine Exfreundin.«

die jagd auf führungskräfte hat begonnen

– Leipzig. In einem großen Drogeriegeschäft.

Durchsage einer netten Frauenstimme: »Ein Manager bitte an Kasse 4!«

Es vergehen etwa 30 Sekunden.

Die gleiche Stimme: »Manager erledigt!«

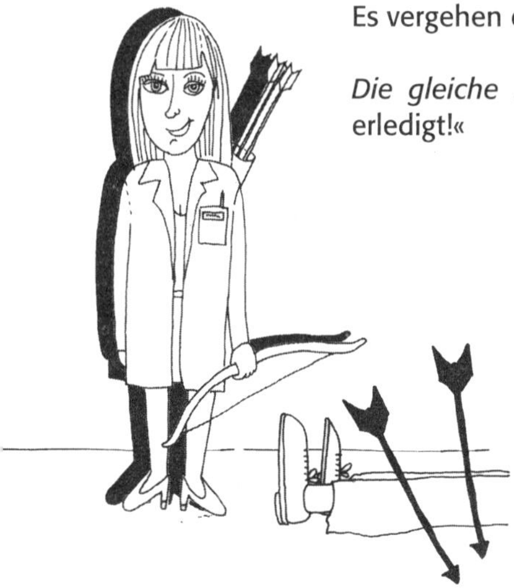

trübe aussichten statt tunnelblick

– München. Sendlinger Tor.

Ein früher Sommerabend in der Münchner U-Bahn. Es ist schwül, und an der Station Sendlinger Tor steigen so viele Personen zu, dass man dicht an dicht in der U-Bahn steht. Ich sitze im vordersten Waggon am Fenster und sehe, wie ein zweiter Fahrer ins Führerhaus der U-Bahn steigt. Kurz darauf rollt die U-Bahn an, und der Fahrer macht seine übliche Durchsage:

»Nächster Halt: Fraunhoferstraße.«

Offensichtlich hat er jedoch vergessen, seine Sprechanlage auszuschalten – denn kurz darauf hört man eine zweite Stimme aus den Lautsprechern:

»Du, Georg, fahr mal ned so schnell – ich habe meine Brille vergessen!«

Schockierte Blicke unter den Passagieren, hier und da ein Schmunzeln. Bei der nächsten Station war dann die U-Bahn plötzlich halb leer …

trennung auf wolke sieben?

– Heraklion, Griechenland, Flughafen.

Condor-Flug von Kreta nach Frankfurt am Main. Der Pilot begrüßt die Flugreisenden. Dann beginnt der Steward mit der Sicherheitseinweisung:

»Nach dem Urlaub haben Sie viele Möglichkeiten, Ihren Partner loszuwerden. Bei uns sind es heute Abend insgesamt acht! Zwei befinden sich jeweils vorne und hinten und vier an den Seiten.«

alles im fluss bei der bahn

– Köln.

In der Regionalbahn bei der Fahrt über die Hohenzollernbrücke.

Durchsage des Zugführers: »Sehr geehrte Fahrgäste, in Kürze erreichen wir den Kölner Hauptbahnhof. Gerade fahren wir über die Hohenzollernbrücke. Wenn Sie nach links heraussehen, können Sie den Rhein sehen. Wenn Sie nach rechts sehen … auch.«

die etwas krümelige bordbar

– Münster, Buslinie 9.

Der Bus ist ziemlich voll, und weitere Leute steigen ein.

Durchsage des Fahrers: »Gehen Sie bitte nach hinten durch. Auf der Rückbank gibt es Pommes, Kaffee und Brote.«

s-bahn = schubs-bahn?

– Berlin-Mitte.

Zwischen Pankow und Friedrichstraße. Die S-Bahn hält vor dem Bahnhof Gesundbrunnen und fährt minutenlang nicht weiter. Unruhe unter den Fahrgästen. Dann die Ansage des Zugführers:

»Werte Fahrgäste, ich würde gern in Gesundbrunnen einfahren. Da steht aber noch ein Kollege mit seinem Zug auf unserem Gleis. Ich würde ihn gern von hinten anschubsen und aus dem Bahnhof schieben, aber dann meckert mein Chef ganz doll mit mir!«

kleiner mann – was nun?

– Hannover. Hauptbahnhof, Gleis 13.

Spätabends im (komplett videoüberwachten) Hauptbahnhof Hannover: Eine aufgebrachte männliche Stimme ertönt durch die Lautsprecher:

»Sofort den kleinen Mann wieder in die Hose stecken! Ich glaub ja, ich lüge! Mann, Mann, Mann!«

die sicherste art zu reisen

– Johannesburg. Flughafen.

Nach der Landung in Johannesburg begrüßt der Pilot die Passagiere mit folgenden Worten:

»Sehr geehrte Fluggäste, willkommen in Johannesburg. Der sicherste Teil Ihrer Reise ist hiermit vorbei!«

rail or fly?

– Flughafen Köln-Bonn.

Nach erfolgreicher Landung. Der Kapitän meldet sich kurz und knapp:

»Ausstieg in Fahrtrichtung links.«

spruch von der konkurrenz geklaut?

– Frankfurt am Main. Flughafen.

Am Ende des Fluges von Brüssel nach Frankfurt. Nachdem wir endlich wegen schlechten Wetters mit vierstündiger Verspätung in Frankfurt gelandet sind, meldet sich der Pilot aus dem Cockpit:

»Herzlich willkommen mit Verspätung in Frankfurt und vielen Dank, dass Sie mit der Deutschen Bahn gereist sind!«

team of excellence

– Baden-Baden. Flughafen.

Auf der Startbahn im Flieger nach Berlin. Ansage über Bordfunk durch eine der Stewardessen:

»Nach dem Start werden ich und meine völlig überqualifizierte Kollegin Ihnen das Frühstück servieren.«

morgens pilot, abends powerseller

– Dortmund. Flughafen.

Im Flugzeug, kurz nach der Landung. Durchsage des Piloten:

»… wir bedanken uns, dass Sie mit uns geflogen sind. Und vergessen Sie nicht Ihre persönlichen Wertsachen, sonst werden Sie diese bald bei eBay wiederfinden.«

willkommen in der s(abotage)-bahn

– Stuttgart. In der S-Bahn Richtung Flughafen.

Die Bahn fährt stockend, hält immer wieder an. Nach einer Weile kommt eine Durchsage:

»Entschuldigen Sie die Fahrweise, ich suche eine Störung.«

das könnte auch ne ente sein

– Zwischen Bottrop und Essen. In der Bahn.

Der Zug steht schon eine geraume Weile. Plötzlich eine Durchsage:

»Sehr geehrte Fahrgäste, aufgrund einer …«

Kurze Pause, ein unterdrücktes Lachen, dann mit einem breiten Grinsen weiter:

»Aufgrund einer Entenfamilie auf den Gleisen vor uns wird sich unsere Weiterfahrt verzögern.«

das panik-gleichnis

– Dresden. Auf dem Evangelischen Kirchentag.

Die Halle, in der ein Bodo-Wartke-Konzert stattfindet, ist geschlossen worden, um eine Überfüllung zu vermeiden. Da sich aber immer noch Hunderte von Menschen vor dem Gebäude befinden, ruft ein Organisator per Megafon:

»Jede Panik, die jetzt nicht ausbricht, ist eine gute Panik!«

deutschkurs auf schienen

– Berlin. In der U-Bahn.

Die Bahn bleibt plötzlich stehen, ich höre folgende Durchsage:

»Sehr geehrte Damen und Herren, aufgrund von Bauarbeiten können wir unsere Fahrt im Moment leider nicht fortsetzen.«

(Pause)

»... Ladies and gentlemen, we can't drive on because of ... Bauarbeiten.«

small talk aufs abstellgleis gefahren

– Buchholz in der Nordheide. Im Metronom.

Auf der Strecke Bremen–Hamburg, bei der Einfahrt im Bahnhof Buchholz.

Durchsage des Zugführers:

»Meine sehr verehrten Damen und Herren, trotz meiner Bemühungen, langsam zu fahren, kommen wir wider Erwarten zu früh in Buchholz an. Sollte ich Ihnen damit die Gesprächsgrundlage für heute Abend genommen haben, tut es mir sehr leid ... Der Ausstieg befindet sich übrigens in Fahrtrichtung links!«

die evolution des vollrauschs

– München. U-Bahnhof Theresienwiese.

Durchsage während des Oktoberfestes:

»Ihr könnt's auch in die Bahnsteigmitte geh, da ham wir no Sitzplätze ... In zwei Stunden werden des Liegeplätze, in drei Stunden ...«

(Kurze Pause, dann ins Mikrofon gehaucht)

».... Schmuuuseplätze ... Hrrr ...«

angenehme überraschung

– Berlin. In der S-Bahn.

Ich sitze in der vollkommen überfüllten S-Bahn, es ist heiß, eng, und die Leute sind genervt. Als sich eine Durchsage des Schaffners ankündigt, fangen alle an zu stöhnen, da sie aufgrund der schlechten Erfahrungen mit der BVG mit dem Schlimmsten rechnen.

Durchsage: »Sehr geehrte Fahrgäste, hiermit möchte ich auch die Dazugestiegenen im Namen der BVG herzlich begrüßen. Nun einige Informationen zum Tag: Wir haben heute Donnerstag, den 26. April, es ist 17.30 Uhr. Dieser Zug fährt nach Potsdam Hauptbahnhof. Die aktuelle Wetterlage an unserem Reiseziel ist stark bewölkt, es empfiehlt sich also, einen Schirm dabeizuhaben. Die Wettervorhersage lässt aber hoffen: Am Wochenende können die Hartgesottenen unter Ihnen die Badehose auspacken bei vorhergesagten 30 Grad. Unsere Reisegeschwindigkeit beträgt derzeit ca. 80 km/h, die nächste Station ist Nikolassee. Ich wünsche Ihnen eine angenehme Weiterfahrt und einen schönen Feierabend – machen Sie was draus!«

ich geh dieses jahr als flitzer!

– Im Zug von Münster nach Mainz, kurz hinter Köln.

Es ist der 11. November – Karnevalsbeginn. Eine Durchsage:

»An alle Jecken an Bord: Kostüme sind super, aber Nackigsein ist kein Kostüm! Wen wir trotzdem dabei erwischen, den hängen wir mit dem Popo voraus aus dem Fenster und lassen sein Fähnlein im Winde wehen! Ich wieder-
hole: …«

ich packe meine koffer – ins falsche flugzeug

– Göteborg. Flughafen.

Ich sitze im Flugzeug und warte auf den Abflug nach Zürich. Das Flugzeug wartet in Reihe mit anderen Flugzeugen der gleichen Fluglinie. Plötzlich eine Durchsage des Piloten:

»Unser Abflug wird sich um wenige Minuten verzögern. Wenn Sie nach links aus dem Fenster schauen, sehen Sie das Flugzeug nach Birmingham, das unser Gepäck mit an Bord hat … Aber wir haben dafür deren Gepäck.«

nutze deine chance!

– Freiburg. Badenova Stadion.

Offizielles Saisoneröffnungsspiel des SC Freiburg am 19. Juli 2011. Durchsage vom Stadionsprecher:

»Der kleine Egon sucht seinen Papa Bernd. Das Kind kann an der Sprecherkabine abgeholt werden.«

(Fünf Minuten später)

»Der kleine Egon wartet noch auf seinen Papa. Sie können Ihren Sohn an der Sprecherkabine abholen.«

(Weitere zwei Minuten später)

»Ach ja, und der kleine Egon grüßt alle, die ihn kennen!«

angriff der hobbypsychologen

– Biblis. Bahnhof.

Ein Freund rennt über die Gleise aus Angst, den Zug zu verpassen. Im Zug angekommen, hören wir folgende Durchsage:

»An den Jungen, der grad über die Gleise gerannt ist: Fühlst du dich jetzt cool? Bist jetzt ein ganz Toller, oder was? Kannst du dich wenigstens damit bei deinen Freunden profilieren und dein Scheißselbstwertgefühl aufbessern, oder was?«

er steht auf der gehaltliste von google

– London. Gatwick Airport.

Steward vor dem Start: »Please switch off all devices that start with an ›i‹.«

rapide das klima im zug verbessert

– Köln. In einem Regionalexpress.

Durchsage: »Eine kurze Information, bevor genörgelt wird. Die Klimaanlage in diesem Zug ist nicht defekt, es gibt keine.«

we have a short break

– Wuppertal. S9 hinter Wuppertal-Vohwinkel.

Die S-Bahn bleibt auf offener Strecke stehen.

Durchsage des Fahrers: »Eine kleine Störung, aber das haben wir gleich.«

Daraufhin hört man mehrmals ein mächtig lautes Krachen, als ob jemand mit einem Hammer auf die Bahn einschlägt.

Erneute Durchsage: »Leider ist die Bahn jetzt durchgebrochen! Wir werden in Kürze abgeschleppt. Dadurch wird sich Ihre Weiterfahrt verzögern. Vielen Dank!«

next stop: unfallchirurgie

– Hagen. Hauptbahnhof.

Im ICE von Köln nach Hannover. Einfahrt in den Hagener Hauptbahnhof. Durchsage:

»Sehr geehrte Fahrgäste, in wenigen Minuten erreichen wir Hagen Hauptbahnhof. Bitte beachten Sie, dass aufgrund eines Bahnsteigfehlers beim Öffnen der Türen die Trittstufen nicht ganz ausgefahren werden können. Es wird eine Lücke zwischen Bahnsteig und Zug geben. Seien Sie beim Aussteigen also bitte vorsichtig!«

(Pause)

»Ladies and Gentlemen, welcome to Hagen. Sänk you for travelling wis Deutsche Bahn!«

Ende der Durchsage.

der super-nanny-schaffner

– Radebeul. Im Regionalexpress von Leipzig nach Dresden.

Halt in Radebeul-Ost. Auf einmal eine Durchsage:

»Sollte die Gruppe, die da gerade in den letzten Waggon eingestiegen ist, einen Betreuer haben: Ihnen würde ich mein Kind nicht anvertrauen!«

irgendwann fallen die masken

– Zürich. Am Flughafen.

Flug mit Germanwings nach Köln-Bonn. Die Aufregung hat sich gelegt, und die Gepäckfächer sind sicher verschlossen. Eine Stewardess schaut nach, ob auch alle den Sicherheitsgurt richtig geschlossen haben. Eine Durchsage vom Pilot:

»Guten Morgen und herzlich Willkommen, liebe Fluggäste, auf dem Germanwings-Flug GE709 von Zürich-Flughafen nach Köln-Bonn, ich bin Ihr …«

Die üblichen Durchsagen, bei den Sicherheitsanweisungen zu den Druckmasken dann aber:

»Beim unwahrscheinlichen Fall eines Druckverlustes in der Kabine fallen automatisch die Atemmasken aus der Decke über Ihnen. Zur Verwendung ziehen Sie eine zu sich, drücken sie auf Mund und Nase und atmen ganz normal weiter. Helfen Sie erst dann Ihren Kindern oder Sitznachbarn. Haben Sie mehrere Kinder, helfen Sie zuerst dem Kind, das Sie lieber haben, dann dem anderen.«

weihnachten im u-bahn-schacht

– Berlin. U-Bahnhof Potsdamer Platz.

Am überfüllten Bahnsteig des U-Bahnhofs in der Vorweihnachtszeit. Die U-Bahn fährt ein, die Fahrgäste drängen sich auf dem Bahnsteig ungleichmäßig in den Zug hinein und ballen sich am vorderen Waggon. Es ertönt die Stimme des Zugführers über die Lautsprecheranlage:

»Ey, dit is hier keen Adventskalender, hier könnse alle Türn gleichzeitig aufmachn!«

die großen momente gibt's nicht nur beim fußball

– Saarbrücken. In einem Regionalexpress.

Nach dem Fußballspiel Saarbrücken–Trier ist der Regionalexpress Richtung Trier maßlos überfüllt. Durchsage:

»Sehr geehrte Fahrgäste, ich möchte Sie herzlich im Regionalexpress nach Trier begrüßen. Für die Gäste, die sich darüber beschwert haben, dass dieser Zug zu klein sei, will ich Folgendes sagen: Seien Sie doch einfach froh, dass überhaupt ein Zug da ist! Die Leute, die so gedrängt vor der Toilette stehen, können sich auch gerne in die erste Klasse setzen. Vielen Dank!«

(Zweiminütige Pause)

»Liebe Gäste, Sie können jetzt damit aufhören, die erste Klasse zu suchen, es gibt nämlich keine! Trotzdem eine angenehme Fahrt allerseits.«

quickie-verbot im schnellzug

– Im ICE von Düsseldorf nach Amsterdam.

Durchsage des Schaffners:

»Aus gegebenem Anlass möchten wir Ihnen mitteilen, dass unsere Toiletten NICHT paarungsgeeignet sind!«

antworten, die keiner braucht

– In der Regionalbahn 48 von Wuppertal Richtung Köln.

Durchsage des Lokführers: »Verehrte Fahrgäste, da wir von einem verspäteten ICE überholt werden, wird sich unsere Weiterfahrt verzögern.«

Eine junge Frau geht daraufhin zum Lokführer.

Lokführer: »Ja, bitte?«
Frau: »Wie lange hält der Zug?«
Lokführer: »Bei guter Pflege so 15 bis 20 Jahre!«

besser in die zugtoilette einsperren, als auf dem autobahnparkplatz anbinden

– München. Hauptbahnhof.

Lautsprecherdurchsage im ALEX von Regensburg nach München:

»Sehr geehrte Damen und Herren, willkommen in München. Bitte vergewissern Sie sich, dass Sie nichts im Abteil liegen lassen. Mäntel, Hüte, Taschen, Regenschirme, Kinder, Lebensabschnittsgefährten … besonders Kinder und Lebensabschnittsgefährten … nicht nur, weil es moralisch verwerflich wäre, diese im Abteil zu vergessen. Wir haben auch immer wieder Probleme mit der artgerechten Unterbringung.«

endhaltestelle für knutscher

– Hannover. Hauptbahnhof, im Regionalexpress nach Bremen.

Durchsage kurz vor der Abfahrt:

»Hier spricht der Lokführer: Es ist jetzt 18 Uhr 21. Bitte die Türen freigeben, zügig einsteigen, das Küssen einstellen und die Fahrt genießen!«

der kleine paul, der große fisch und ein traum in schokolade

– Landau. Auf dem Weihnachtsmarkt.

Es ist dunkel, kalt und gemütlich. Eine Frauenstimme ertönt durch die Lautsprecher:

»Der kleine Paul möchte bitte beim Schokoladenhaus abgeholt werden! Paul ist ca. vier Jahre alt, trägt eine orangefarbene Jacke und hat ein riesiges Fischbrötchen in der Hand.«

Zwei Minuten später:

»Der kleine Paul möchte IMMER NOCH beim Schokoladenhaus abgeholt werden! Ich würde ihn ja behalten, aber ich habe schon zwei Kinder.«

es ist nicht immer drin, was draufsteht

– Hamburg. An den Landungsbrücken.

Besucher des Musicals »König der Löwen« haben die Möglichkeit, mit einem Shuttle-Schiff von den Landungsbrücken zum Theater überzusetzen. Das Schiff steht zum Einsteigen bereit, als direkt dahinter ein weiteres Schiff mit der gelben »König der Löwen«-Lackierung anlandet. Mehrere Personen steuern daraufhin das neu angekommene Schiff an. Es ertönt folgende Durchsage vom Shuttle-Schiff:

»Zum ›König der Löwen‹ bitte HIER einsteigen! HIER! Nicht jedes gelbe Schiff fährt auch da rüber. Das ist nur W-E-R-B-U-N-G! Wenn auf einem Bus ›Fielmann‹ steht, könnt ihr ja beim Fahrer auch keine Brille kaufen!«

schwarzfahren leicht gemacht – die bahn kommt

– Zwischen Magdeburg und Stendal. In der Bahn.

Der Schaffner kommt ins überfüllte Abteil:

»Okay, jetzt mal andersrum: Ist hier jemand OHNE Ticket? Nein? Alles klar.«

Und geht wieder.

rechts vor links

– Im Flugzeug über Paris.

Nachts auf der Flugreise von Portugal nach Deutschland. Durchsage des Kapitäns:

»Sehr geehrte Passagiere: Die Herrschaften, die auf der rechten Seite sitzen, können nun aus dem Fenster blicken und das wunderschöne, hell beleuchtete Paris bewundern. Die Herrschaften, die links sitzen, sehen davon zwar nichts, aber wenn Sie ebenfalls nach rechts blicken, können Sie sehen, wie sehr sich die anderen Passagiere über den Anblick von Paris freuen.«

... es stinkt ihm gewaltig!

– Heidelberg. In der Straßenbahn.

Durchsage des Straßenbahnfahrers in der überfüllten Bahn nach einem heißen Sommertag:

»Sehr geehrte Damen und Herren, wenn Sie jetzt über die Leistungsfähigkeit Ihres Deos nachdenken, ist es definitiv zu spät!«

ein bisschen hohn mit atom

– Im Regionalexpress zwischen Münster und Köln. Nach einer Anti-Atomkraft-Demonstration.

Der deutlich verspätete Zug ist voll mit Atomkraftgegnern. Eine Durchsage von der Zugbegleiterin:

»Sehr geehrte Fahrgäste, wir bedauern die Verspätung und fahren nun mit Atomstrom … dann sind wir noch ein bisschen schneller.«

durchsage mit kinderkrankheiten

– Hamburg-Moorfleet. Im Ikea.

Durchsage um 19.30 Uhr:

»Liebe Eltern, aus gesundheitlichen … äh … gesetzlichen Gründen müssen wir unser Smaland um 20.00 Uhr schließen.«

wer rast, der rostet nicht

– Gelsenkirchen. Im Hauptbahnhof.

Um 22.30 Uhr im stehenden Zug im Gelsenkirchener Hauptbahnhof kommt die extrem genervte Durchsage des Zugführers:

»Liebe Fahrgäste, die Weiterfahrt des Zuges verzögert sich um ein paar Minuten, weil ein ungeheuer bedeutender Güterzug mit immens schnell verderblichen Eisenrohren überholen muss.«

gleis 9 3/4 bringt auch nichts

– Celle. Hauptbahnhof.

Der Metronom muss im Bahnhof warten, da ein IC mit Verspätung vorbeigelassen werden muss. Als es schließlich losgeht, kommt folgende Durchsage:

»Herzlich Willkommen am Bord des Metronoms. Wir verlassen Celle mit einer Verspätung von ca. 14 Minuten. Ich werde auf dem Weg nach Hannover versuchen, die Zeit wieder reinzuholen, aber da ich leider keine blitzförmige Narbe auf der Stirn habe und auch keinen Besen besitze, wird das sowieso nichts.«

no-go-zone

– Wattenscheid. In einem Regionalexpress.

Ich fahre an einem Samstag mit der Regionalbahn von Duisburg nach Bielefeld. Kurz nach Verlassen des Essener Hauptbahnhofs kündigt der Schaffner per Lautsprecher mit tiefer sonorer Stimme den nächsten Haltepunkt an:

»Nächster Halt: Wattenscheid.«

(Kurze Pause)

»Wer hier aussteigt, ist selber schuld!«

abrakadabra – und er steht allein da

– Magdeburg.

Auf einer WG-Party mit sehr gemischtem Publikum.

Er (mit Goldkettchen und Solariumbräune): »Na, wat machst du denn so?«
Sie: »Ich mache gerade meinen Magister.«
Er: »Hä? Biste Zauberer oder wat?«

DIE DÄMLICHSTEN DUMMSCHWÄTZER – „BISTE ZAUBERER ODER WAT?"

Manchmal ist das Maul einfach schneller als das Hirn. Was dabei entsteht, zeugt zwar selten von großer Intelligenz, hat aber oftmals große humoristische Durchschlagskraft. Ob notorischer Nichts-Checker, altgedienter Auf-dem-Schlauch-Steher oder diplomierter Dösbaddel – die Protagonisten des folgenden Kapitals mögen zwar im Geistreich nur Kreisklasse sein, in der Belauscht-Republik spielen sie definitiv in der ersten Liga. Ohne die kleinen Leuchten dieser Nation wäre unser Lauschprojekt definitiv um einiges ärmer. Denn kaum etwas kann manchmal so komisch sein, wie eine ordentliche Portion entwaffnender Dummheit. Und das soll nun mitnichten arrogant klingen – einige der trotteligsten Belauschnisse sind uns selbst passiert …

da wundert einen auch die finanzkrise nicht mehr

– Lüneburg. In einer Filiale der Sparkasse.

Ich habe einen Beratungstermin. Mein Berater stellt erst mal ein paar allgemeine Fragen.

Er: »Haben Sie Kinder?«
Ich: »Nein.«
Er: »Ja, mit 20, das hätte mich auch gewundert ...«

Er überlegt kurz.

Er: »... und Enkel?«

und alle biber machen werbung für dentagard

– München. Im Zoo.

Mutter und Sohn stehen am Fischottergehege. Der Sohn hält eine Tüte Popcorn in den Händen. Beide beobachten den Fischotter.

Sohn: »Mama, darf ich ein Popcorn hineinwerfen?«
Mutter: »Nein, mein Schatz. Das sind Nagetiere, die brauchen Holz!«

dummheit in scheiben

– Leverkusen-Schlebusch. An einer Wursttheke.

Kundin: »Ich hätte gerne hundert Gramm Salami. Aber schneiden Sie es nicht zu dick, dann wird's nicht zu teuer!«

erziehungsversuch auf eigene verantwortung

– München. In der S-Bahn Richtung Dachau.

Zwei Jungs (ca. zehn) sitzen sich gegenüber. Der eine hat einen modischen Kurzhaarschnitt, blondiert und einen Ohrring in einem Ohrläppchen. Er sagt zu seinem Klassenkameraden:

»Ich verarsch dich echt nicht. Ich darf so lange aufbleiben, wie ich will. Und ich darf Spiele ab 18 spielen. Und Filme ab 18 anschauen. ›Du bist für dein Leben selbst verantwortlich‹, sagt meine Mama immer.«

deutschland, deine denker

– Lüneburg.

Eine ältere Frau und ihr Enkel gehen an einem anatolischen Restaurant vorbei. Der Junge entziffert mühsam den Werbespruch am Schaufenster und liest laut:

»Alle Tage Dönerstag.«

Frau: »Das heißt Donnerstag. Das sind Türken, die können kein richtiges Deutsch.«

grundkurs leben

– Duisburg. Im Büro.

Zwei Kolleginnen unterhalten sich.

#1: »Ich will mal einen Kochkurs machen! Ich hab nämlich Probleme mit so ganz einfachen Dingen. Also, was ein Pfund ist, weiß ich noch: das sind 12 …«
#2: »Äähmm, was du meinst, ist ein Dutzend. Ein Pfund sind 500 Gramm.«
#1: »Ach so? Ja, siehst du! Auch wie man so auf den Markt geht – so was will ich mal lernen!«
#2: »Das ist aber dann kein Kochkurs, sondern ›Leben für Anfänger‹ …«
#1 (seufzend): »Ja!«

isch drück disch grün und rot, alder!

– Stuttgart. An einer Ampel.

Zwei Jungs (ca. 15) stehen an einer Ampel und warten. Die Ampel bleibt rot, deshalb drückt der eine Junge sehr oft hintereinander auf den Ampelknopf.

#1: »Ey, warum druckscht du so oft da drauf?«
#2: »Ey, isch doch logisch, wenn isch tausendmal druck, denkt die Ampel, da stehn tausend Leute, und macht dann schneller grün, Alder!«

machen gigabyte dick?

– Siegen. Im Karstadt.

Ein Ehepaar (beide um die 45) betritt das Kaufhaus.

Er: »Gehen wir erst mal zu den Festplatten.«
Sie (völlig gereizt): »Hä? Ich denk, wir wollten zu den Computern und danach in die Kosmetikabteilung! ICH WILL NICHTS ESSEN!«

auf dem nein-ohr ist er taub

– Bonn. In der Straßenbahnlinie 61 am Chlodwigplatz.

Mittags. Die Straßenbahn füllt sich mit Schülern. Hinter mir sitzen ein Mädel und ein Typ, der es augenscheinlich anmachen will.

Er: »Willst du heute Abend Kino?«
Sie: »Nee.«
Er: »Morgen?«
Sie: »Nein!«
Er: »Was heißt ›Nein‹? Brauch isch klare Antwort!«

grammaddisch nisch rischdisch

– Hamburg-Altona. In einem Bus.

Zwei Mädels in Jogginghosen sitzen hinter mir. Sie reden über ihre Klassenfahrt, es geht um einen Lehrer.

#1: »Ey, und dann hat der misch gefragt: ›Was hat disch gefallen, und was hat disch nisch gefallen?‹«
#2: »Ja und?«
#1: »Hab isch gesagt: ›Ja alles. Alles hat misch gefallen.‹ Hat der misch gefragt: ›Und was hat disch nisch gefallen?‹«

(Kunstpause)

#1: »Hab isch gesagt: ›DISCH! Disch hat misch gar nisch gefallen!‹«

der dativ ist dem genitiv sein tod – live

– Dortmund. In einem Elektronikgeschäft.

Das Geschäftstelefon klingelt, und eine Verkäuferin (Mitte 40) nimmt das Gespräch an. Sie ruft daraufhin laut durch den gut mit Kunden gefüllten Laden.

Verkäuferin: »Herr Sandemann … Telefon für Ihnen!«
Verkäufer (sichtlich genervt): »Für … SIE!«
Verkäuferin: »Nein nicht für mich, für IHNEN!«

ob winnetou und old shatterhand das so meinten?

– Stuttgart. Am Eckensee.

Einige Jugendliche sitzen auf der Wiese und unterhalten sich über ihre bisherigen Eroberungen.

#*1:* »Alda, ich habe gestern die Jana entjungfert!«
#*2:* »Ey, ich vorgestern auch!«
#*1:* »Cool, das nennt man dann wohl Blutsbrüder oder so!!!«

bitte gib mir nur noch ein wort

– München. Allianz Arena.

Es läuft das Spiel 1860 gegen den 1. FC Kaiserslautern. Die Münchner Fans sind nicht ganz mit den Leistungen ihres Torwarts zufrieden. Ein Fan hinter mir möchte seinem Ärger Ausdruck verleihen und brüllt:

»Ich hab nur drei Worte für dich: HAU AB!«

es geschah am hellichten tag

– Im Regionalexpress von Dresden nach Leipzig.

Zwei junge Männer unterhalten sich in einer Lautstärke, die den gesamten Großraumwagen aufhorchen lässt.

#1: »Im Deutschunterricht lesen wir gerade Dürrenmatt.«
#2: »Physiker?«
#1: »Nein, Schriftsteller.«

$a^2 + b^2 = $ d00f?

– Köln. In der Bahn Richtung Troisdorf.

Zwei Jugendliche (ca. 16) sitzen in der Bahn neben mir. Beide unterhalten sich lautstark.

#1: »Ey, Alda, die vom Gymnasium sind voll bescheuert! Isch hab heut gesehen, die rechnen mit Buchstaben!«

das ei des napoleon

– Usedom. In der Bahn an der Haltestelle Kölpinsee.

Vier Jungs (ca. 14) unterhalten sich.

#*1:* »Was liegt näher an Deutschland? Polen oder Tschechien?«
#*2:* »Polen natürlich!«
#*1:* »Ey, wärst du Napoleon gewesen, du hättest nie Amerika entdeckt!«

bauer vor auf 15c

– Düsseldorf. Am Hauptbahnhof.

Lautstark telefonierend steht ein Jugendlicher (ca.18) auf dem Bahnsteig:

»Eh, Alter, wo biste? Was? Keine Ahnung! Wie soll ich denn Gleis 15 finden? Ich steh hier unter C, was weiß ich denn, was der 15. Buchstabe im Alphabet is! Das geht hier nur bis F!«

nicht richtig verdrahtet …

– München. Zu Hause.

Ich habe einen sehr alten Kühlschrank aus den 50er-Jahren erstanden und einen Elektriker bestellt, damit er das Stromkabel austauscht. Außerdem muss in der Wohnung eine Steckdose repariert werden. Nachdem der Elektriker die Steckdose gerichtet hat, führe ich ihn zum Kühlschrank.

Elektriker: »Das mach ich nicht!«
Ich: »Warum?«
Elektriker: »Weil ich da Garantie drauf geben muss und falls da was passiert … Ich weiß ja nicht, was da sonst noch kaputt ist! Dann kann ich meinen Meisterbrief verlieren. Sie können das Kabel ja selber austauschen – schauen Sie, Sie müssen nur da unten …«
Ich: »Was ist nun schlimmer, wenn Sie Ihren Meisterbrief verlieren oder wenn ich das selber mache, einen Schlag bekomm und hinterher tot bin??«
Elektriker: »Also mir ist da mein Meisterbrief wichtiger!«

neues aus der hansastadt

– Rostock. Vor dem Rathaus.

Stehe mit meiner Freundin vor dem Rathaus in Rostock. Anscheinend findet gleich eine Bundesligapartie statt, denn es wimmelt von Fußballfans. Ein Typ erklärt gerade einem Mädchen etwas Historisches:

»Und damals war hier die Hanse …«

Ein prolliger Typ, der gerade vorbeiläuft, brüllt ihn an:

»DAS HEISST HANSA, DU SPASTI!«

Hinter diesem fängt eine Gruppe von 20 Hansa-Rostock-Fans an zu schreien:

»HAN-SAAAA ROSTOCK, HAN-SAAAAA ROSTOCK!«

theo watt?

– Mitfahrgelegenheit. Im Auto auf dem Weg von Dresden nach Görlitz.

Fahrer: »Und was machst du so beruflich?«
Mitfahrerin: »Ich studiere Theologie.«
Fahrer: »Wasn das? Hab ich ja noch nie gehört.«
Mitfahrerin: »Na ja, das ist …«
Fahrer: »Ne, lass mich raten. Irgendwas mit Büchern.«
Mitfahrerin: »Ja, schon irgendwie. Es geht dabei vor allem um DAS BUCH.«
Fahrer: »Also Deutsch. Wusst ich's doch.«

erfindung des jahres: onlineshopping?!

– Gießen. Berliner Platz.

Vor mir laufen zwei Mädels.

#1: »Ey, mein Bruder verkauft jetzt Sachen im Internet!«
#2: »Escht? Meiner auch! Vielleischt kennen die sich ja?!«

nie wieder physik lernen mit opi

– Hankensbüttel. In einer Schule.

Physikunterricht.

Lehrer: »Kann mir jemand sagen, wie man Arbeit definiert?«

Schweigen im Raum. Eine Schülerin meldet sich.

Lehrer: »Ja, bitte.«
Schülerin: »Arbeit? Das war doch Kraft durch Freude!?«

klassische luftnummer

– Berlin.

Schülerausflug nach Berlin. Im Reisebus werden die bekannten Sehenswürdigkeiten abgeklappert.

Zwischenfrage eines Schülers: »Wo genau steht denn diese Luftbrücke?«

säge nicht an dem ast ...

– Mainz. In einem Gymnasium.

Schulbeginn nach den Sommerferien. Eine Fünftklässlerin, die offenbar eine ältere Schwester an derselben Schule hat, meldet sich in der ersten Unterrichtsstunde und fragt den Lehrer:

»Sind Sie der, von dem meine Schwester sagt, dass er dumm ist?«

in herdkunde ist sie besser als in erdkunde

– Sylt. Auf dem Hindenburgdamm in der Bahn.

Eine Frau fährt mit ihrer Tochter über den Damm nach Sylt. Sie zeigt aus dem Fenster aufs Wattenmeer und sagt:

»Kuck mal, das ist die Nordsee.«

Dann deutet sie zur anderen Seite:

»Und das ist die Ostsee.«

morgen dann wurstsalat?

– Hannover. In der S-Bahn am Vahrenwalder Platz.

Zwei junge Frauen unterhalten sich neben mir.

#1: »Ich mache seit vier Tagen Diät und habe trotzdem zwei Kilo zugenommen, das kann echt nicht sein!«
#2: »Was für eine Diät machst du denn?«
#1: »Eine Salatdiät. Ich darf nur Salat essen. Gestern gab's den ganzen Tag Nudelsalat, und heute esse ich nur Kartoffelsalat. Nervt voll, bringt aber nix!«

die gerüchte der gerechten

– Rostock. An der Uni.

Einführungsveranstaltung Jura. Der Professor erzählt einige einleitende Dinge und befragt dabei auch die Studenten.

Professor: »Was glauben Sie denn, wer Recht und Unrecht bestimmt, Frau Kommilitonin?«

Er wendet sich dabei an ein Mädel in der ersten Reihe. Zwei Reihen dahinter eine Studentin zur anderen:

#1: »Was geht denn? Ist die nicht auch zum ersten Mal hier? Woher weiß der denn schon den Nachnamen?«
#2: »Keine Ahnung, vielleicht hat der was mit ihr?!«
#1: »So 'ne Bitch!«

no name, no future

– Bonn. Museumsmeile.

Auf der Schlittschuhbahn. Eine junge Frau um die 16 wird von einem Jungen in ihrem Alter angemacht. Er ist mit seinen Freunden unterwegs.

Er: »Hey, kenn isch dich?«
Sie: »Nein, ich glaube nicht!«
Er: »Geb mir deine Telefonnummer!«
Sie: »Es heißt ›gib‹, und ich habe kein Telefon.«
Er: »Dann geb mir deine Addy!«
Sie: »Ich habe keinen Computer.«
Er: »Bohaa, sag mal deinen Namen!«
Sie (trocken): »Ich habe keinen Namen.«

Er schaut irritiert.

Nach ca. 30 Sekunden stellt einer seiner Freunde mit Überraschung in der Stimme, als hätte er gerade ein fliegendes Schwein gesehen, fest:

»Ey, Alda, isch glaube, die verarscht dich!«

nach dem semester zog sie nach exil um

– Wuppertal. Universität.

In einer Vorlesung zum Wirtschaftsprivatrecht.

Dozent: » … eine der Grundideen ist, dass der Gesellschaftssitz nach Gusto verlegt werden kann.«
Studentin (flüsternd zur Nachbarin): »Wo ist denn Gusto?«

akku leer, birne leer

– Erbach.

Am Auto meiner Bekannten wird die leere Batterie ausgewechselt. Sie trägt die alte Batterie ca. 50 Meter von der Garage bis zur Straße, wo ein Schrotthändler zur Abholung wartet. Dort angekommen, sagt sie völlig erschöpft:

»Puh, das Ding ist ganz schön schwer dafür, dass sie leer ist.«

lesen hilft

– Leipzig. In der Berufsschule.

Schüler: »Wem gehört das Namensschild?«

sich über die kleinen dinge freuen können

– Verden. Im Bus, Linie 711.

Als der Stadtbus am Gerichtsgebäude vorbeifährt, unterhalten sich zwei ältere Jugendliche darüber, wo sie schon überall eingesessen haben. Der eine stellt fest:

»Jugendarrest ist Kacke, da darfst du nicht rauchen. Ich finde U-Haft besser. Da kann man wenigstens rauchen.«

pin-up-girls im alten rom?

– Berlin. In der S-Bahn Richtung Spandau.

Zwei Teeniemädchen lösen ein Kreuzworträtsel in der Bahn. Zumindest versuchen sie es.

#*1:* »Boah, is das dumm. Lateinisch für ›du‹ … französisch für ›und‹ … nur so Scheißfragen … Ah, hier is was: ›Antike Wandverzierung‹ …«
#*2:* »Poster!«
#*1:* »Ey, stimmt, dit passt.«
#*2:* »Na? Bin isch doch nicht so 'ne behinderte Schlampe, wie Jens sagt!«

erst gammelfleisch und jetzt das!

– Köln-Kalk. In einem Supermarkt.

Junge Frau: »Iiiih! Das kauf ich nicht! Da ist pH-Wert drin!«

der beste freund des menschen

– München. Leonrodplatz, in der Straßenbahn.

Tussi um die 25 für alle hörbar am Handy. Anscheinend geht es um die schmerzliche Trennung von ihrem Freund:

Tussi: »Nee, lief ganz gut. ich krieg den iPod, er behält den Hund.«

(Pause)

»Schon! ist fair, oder? Ich mein, mal im Ernst: Was will ich denn mit dem Vieh?«

(Pause)

»Nee, das is schon ein neuer iPod. Zehn Gigahertz oder so.«

tears don't i

– Schleiden. Im Bus.

Ein paar Mädchen (ca. zwölf) sitzen im Bus und unterhalten sich.

Eine erzählt: »Hier, als dieser Erfinder von Apple gestorben ist, da saß ich vor dem Fernseher und hab voll geheult, weil ich dachte, dass es jetzt nie wieder iPhones gibt!«

die handbremse im kopf

– Augsburg. Im Bus.

Morgens auf dem Weg in die Schule.

Schüler: »Ein-Liter-Auto! So ne dumme Idee. Da muss ich ja alle paar Kilometer nachtanken!«

einen vom pferd erzählt

– Autobahn A9. Auf einem Rastplatz.

Ein junges dynamisches Pärchen ist gerade aus seinem schnellen Auto ausgestiegen.

Sie: »Was bedeutet eigentlich PS?«
Er: »Pferdestärke.«
Sie: »Hihi! Verarschen kann ich mich selber!«

und vier räder hat es auch

– Konstanz. In einer Kneipe.

Am Nebentisch trifft sich ein Studentenstammtisch. Zwei Studentinnen unterhalten sich:

#1: »Und, was fährst du für ein Auto?«
#2: »Na ... so ein rotes.«

jetzt bin ich platt

– Norderney.

Ein Kumpel bekommt einen Telefonanruf von einer Freundin. Sie erzählt am Telefon irgendwas über den Reifen an ihrem Auto und dass dieser kaputt sei. Sie fragt ihn, ob er kommen könne, um ihr zu helfen.

Er: »Wie kaputt? ist er platt oder nicht?«
Sie: »Na ja, unten ist er platt, aber oben hat er noch Luft.«

da ist nicht nur eine birne kaputt

– Waldkirch.

Ich bin auf dem Weg zur Nachtschicht und stehe hinter einem Auto an der roten Ampel. Mir fällt auf, dass an dem Wagen vor mir nur eine der zwei Bremsleuchten funktioniert. Ich steige aus, klopfe an die Scheibe des vor mir stehenden Autos und möchte die Fahrerin darauf hinweisen, dass da eine Leuchte nicht funktioniert.

Ich: »Guten Abend, ich wollte Ihnen nur fix sagen, dass die Glühbirne Ihrer rechten Bremsleuchte defekt ist.«
Sie: »Vorne oder hinten?«

wenn kinder väter werden

– Bergisch-Gladbach. Im Bus der Linie 227.

Zwei Typen, um die 18 Jahre alt, unterhalten sich.

#*1:* »Ey, du wirst ja jetzt auch bald Vater!«
#*2:* »Ja, voll krass, ne?!«
#*1:* »Auf jeden!«
#*2:* »Wird 'nen Mädchen. Ich hab auch schon 'nen Namen: Chantal! Das sind immer die geilsten Säue, später!«

Typ #1 lacht.

#*2:* »Aber weißt du, was das Krasseste am Vaterwerden is'?«
#*1:* »Ne, was'n?«
#*2:* »Tja, bin ich's oder bin ich's nich!«

mckinsey jetzt schon im altenheim?

– Stuttgart. In einem Café.

Zwei Mädels Mitte 20, dem Auftreten nach BWLerinnen, unterhalten sich über den Berufseinstieg.

#1: »Ich schreib gerade an 'ner Bewerbung als Senior-Beraterin, dabei hab ich da gar kein Plan von.«
#2: »Und du bist ja auch gar nicht auf dem Level, oder?«
#1: »Eben, ich weiß überhaupt nicht, warum die da überhaupt Senioren beraten … und ICH hab davon schon mal gar keine Ahnung.«

im kleinen schwarzen in die schwarzen zahlen?

– Dreieich-Sprendlingen. Am Empfangstresen eines Softwareunternehmens.

Der Börsengang unserer Firma steht kurz bevor. Am Empfangstresen werde ich unfreiwillig Zeugin des folgenden Dialogs zwischen der Empfangssekretärin und einem um Small-Talk bemühten Kollegen:

Kollege: »Jaja, noch eine Woche, dann gehen wir an die Börse.«
Empfangssekretärin: »Ich weiß überhaupt nicht, was ich da anziehen soll.«

selbsterkenntnis ist der erste weg zur besserung

– Herne. Gymnasium Eickel.

Ein Mädchen (zwischen 14 und 16, sehr aufgestylt) hält einen Vortrag im Fach Politik. Sie hat sich schlecht über das Thema informiert und wird von der Lehrerin zurechtgewiesen.

Lehrerin: »Weißt du denn überhaupt nichts?«
Schülerin: »Ja, tut mir leid! Ich guck nur ›Taff‹.«

am anfang war die suchmaschine

– Berlin. In einer Schule.

Im Religionsunterricht wird das Gottesbild in den unterschiedlichen Weltreligionen behandelt.

Lehrer: »Warum verrät Gott seinen Namen nicht?«

Die Klasse überlegt angestrengt …

Plötzlich einer der Schüler: »Damit ihn niemand googelt?!«

vielleicht ist sie dort ja schlau

– Halle. Im Zug.

Zwei pubertäre Mädchen der Marke »Cindy aus Marzahn« unterhalten sich über den Matheunterricht.

#1: »Jetz' ma echt, im Alltag, da brauchst du ja maximal Plus, Minus und Geteilt. Und nicht den ganzen anderen Rotz, Wurzel und so.«
#2: »Genau! Ich will wissen, wie ein Paralleluniversum ENTSTEHT, und es nicht durchrechnen!«

im vierten höllenkreis mit cindy aus marzahn?

– München. Im Religionsunterricht.

Lehrerin: »Kennt jemand von euch eine der sieben Todsünden?«

Nach kurzem Getuschel meldet sich ein Schüler und antwortet:

»Ja, Pink mit Orange zu tragen.«

3d-schwäche

– Köln. Im IKEA Köln-Godorf.

In der Abteilung, in der man selbst verschiedene Schreibtischplatten und Tischbeine kombinieren kann, sind Mutter und Tochter zugange.

Tochter: »Ey, Mama, die Platte hier is doch geil, un da nehmen wa einfach hier die Beine für.«

Die Mutter guckt sich Platte und Tischbeine genau an, liest die Artikelbeschreibungen durch und sagt:

»Nää, Kind, kannste knicken. Die passen nich. Der Tisch is ja 80 tief und die Beine nur 75 hoch, da fehlen 5 Zentimeter!«

keine weiteren fragen

– Berlin. U7 zwischen Neukölln und Britz Süd.

Zwei Checker (zwischen 16 und 18) steigen in die U-Bahn ein.

#1: »Ey, wie geht's dir, alles cool?«
#2: »Ja, Mann, was machst du?«
#1: »Ich fahr Gropius.«
#2: »Was machst da?«
#1: »Ja gammeln halt, du?«
#2: »Britz Süd, was machen.«
#1: »Ah, weiß schon … haste Job?«
#2: »Ich Baugerüst.«
#1: »Was?«
#2: »Gerüstbau, Mann!«
#1: »Und is cool?«
#2: »Ey … voll Absturz!«

all-inclusive in der weimanikanischen republik?

– Warendorf. Im Gymnasium Laurentianum.

Eine Schülergruppe unterhält sich in der Cafeteria.

#1: »Und … was macht ihr gerade in Geschichte?«
#2 (gelangweilt): »Weimarer Republik.«
Angestellte hinter dem Tresen (ganz aufgeregt): »Da war ich letztes Jahr im Urlaub! Ich sage euch, die haben krasse Strände dort!«

grundsicherung: kondome schützen leider nicht

– Würzburg. In der Straßenbahn.

Die Straßenbahn hält an einer Haltestelle. Dort hängt ein Plakat der BZGA zum Thema Aids. Ein Mann ist darauf zu sehen, darunter die Worte »Ich habe HIV«.

#1: »Ey, Alter, guck ma. Was soll'n des für Werbung sein? Ich habe Hartz IV?!«
#2: »Ey, keine Ahnung. So ein Scheiß, macht gar keinen Sinn, Alter.«

ziele muss man sich stecken

– Schwandorf. In einer Schule.

Lehrer: »Was willst du bitte mal beruflich machen?«
Schüler: »Hartz IV Premium User!«

plötzlich nazi

– Lüdenscheid. Bergstadt-Gymnasium.

Philosophie-Grundkurs, Jahrgangsstufe 10. Es geht um die politische Situation in Griechenland.

Schülerin: »Also ich finde Extremismus schlimm: die Linken mit ihrem Kommunismus und die Rechten mit dem Rassismus.«
Schüler (entsetzt in die Runde): »Waas? Die Rechten sind die Nazis??? Ach du Kacke! Ich hab bei Facebook als politische Richtung ›rechts‹ eingegeben!«

quod erat demonstrandumm

– Siegen. Vor der City-Galerie.

Zwei Mädchen (ca. 18) laufen vor mir. Beide sprechen einen Satz gleichzeitig aus.

Daraufhin #1: »Ja ja, zwei Dumme, ein Gedanke.«

(Pause)

#2 *(verwundert):* »Dann bin ich aber der Gedanke.«

libero, fußballlehrer, religionsgründer

– Ahaus. In einer Grundschule.

Während des Religionsunterrichts in der vierten Klasse. Die Kinder unterhalten sich zu Stundenbeginn über Halloween.

Lehrer: »Au Backe, Halloween. Fällt euch noch etwas Einheimisches ein zum 31. Oktober?«

Ratlosigkeit bricht aus, trotz Unterrichtseinheit zu Martin Luther.

Lehrer: »Schon vergessen? Heute ist Reformationsfest!«
Schüler: »Ach ja ... was war das noch gleich?«
Schülerin (stolz): »Reformationsfest? Da hat doch Lothar Matthäus die Thesen an die Kirchentür genagelt!«

im jahre 15 nach nokia

– Bautzen. In einer Schule, zwölfte Klasse.

Lehrer: »Wie viele Monate hat ein Jahr?«
Schülerin #1: »24!«
Schülerin #2: »Neun!«

Lehrer schaut verwirrt drein.

Schülerin #1: »Oh, Mist, ich hab an Handyverträge gedacht.«
Schülerin #2: »Und ich an Schwangerschaften.«

und schon wieder das thema verfehlt …

– Regensburg.

Morgens im Zug Richtung Regensburg. Zwei Schülerinnen unterhalten sich über ihre schlechte Deutschlehrerin. Sagt die eine:

»Und dann bringt sie in der Musterlösung immer so Sachen, die totale Scheiße sind! Sachen, die überhaupt nix miteinander zu tun haben. Zum Beispiel beim Thema ›Alleinerziehende werden immer mehr‹ schreibt sie, dass es immer mehr Ehescheidungen gibt … WAS HAT DAS DENN DAMIT ZU TUN?!«

bewölkte ansichten

– Koblenz.

Kind: »Papa, bewegen sich die Wolken?«
Vater: »Nein, die Erde dreht sich.«

pro7 klärt auf

– Mannheim. Q7, Straßenbahnhaltestelle.

Zwei Typen unterhalten sich.

#1: »Ey, mein Pulli is schon wieder kaputt, hab ich erst vor zwei Wochen gekauft ... Scheiß H&M.«
#2: »Alder, H&M nimmt immer nur Wolle von so behinderten Schafen, weißt du?«
#1: »Escht, Alder?«
#2: »Ja, so voll die Mongo-Schafe ... hab ich neulich bei Galileo gesehn.«

leeres leben ohne bohlen?

– Dortmund. In einer Schule.

Unterhaltung zwischen Schülern über das Neueste bei irgendeiner Castingshow.

#1: »Boah, die is so bescheuert, haste das gesehen?«
#2: »Nee, ich guck kein Fernsehen.«
#1: »Echt? Is ja krank! Was machste denn dann den ganzen Tag?«

ich vergleiche, also bin ich

– Kiel.

In einem Edeka in der Schlange vor der Kasse. Eine schwangere Frau kommt zu ihrer Freundin gelaufen.

Frau: »Total bescheuert hier! Die haben drei Sorten Babyshampoo, alle von unterschiedlichen Marken, aber alle sind gleich teuer: 1,99 Euro! Was mach ich denn jetzt??«
Freundin: »Wo ist denn das Problem?«
Frau: »Na ja, jetzt weiß ich nicht, was ich kaufen soll. Das sind ja alles unterschiedliche Geschmacksrichtungen und das für denselben Preis …! Ich kaufe jetzt hier keins und gehe in einen anderen Laden, wo die unterschiedliche Preise haben.«

dafür muss sie wohl ins dschungelcamp

– Haltern am See.

Im Netto in der Rekumer Straße. Der Discounter hat Koala-Kekse mit Schokoladencreme-Füllung im Sonderangebot.

Kundin zur Verkäuferin: »Entschuldigen Sie, ich suche diese kleinen Koalabären, die sollen doch diese Woche im Angebot sein!«
Verkäuferin (ratlos): »Das tut mir leid, aber so exotische Fleischsorten haben wir leider gar nicht.«

mathe on the rocks

– Düsseldorf. Nachtresidenz.

Zwei Teenies an der Bar.

#1: »Hast du dir mal überlegt, was passiert, wenn man Wodka und irgendwas Whisky-Ähnliches zusammenmixt, das müsste dann ja so um die 80 Prozent haben!«
#2: »Hmm?«
#1: »Und wenn du dann noch was mit so um die zehn Prozent dazuschüttest, Wein oder so, dann hat man ja über 100 Prozent!«
#2: »Mann, da hast du ja recht! Wie kann das sein?«

zu tode gelernt

– Krefeld. In einer Straßenbahn.

Eine Frau unterhält sich mit einer Freundin:

»Und jetzt hat sie noch eine Prüfung vor sich, dann ist sie exhumierte Krankenschwester.«

kindersoldaten im mathematikunterricht?

– Seligenstadt. Schule, 13. Klasse.

Der Mathe-Grundkurs behandelt eine Textaufgabe, in der es um ABC-Schützen geht. Ein verdutzter Schüler meldet sich:

»Was ist ein ABC-Schütze, und warum sind das alles Kinder?!«

ach ja, wirklich?

– Köln. Im Cinedom.

An der Popcorntheke des Kinos. Der Film geht gleich los, ein Besucher hat gerade seine Portion Nachos vor dem Eingang des Kinosaales bekommen.

Kassiererin: »Macht 2,50.«
Kunde: »Bitte schön.«
Kassiererin: »Danke und schönen Abend noch.«
Kunde: »Werden wir haben … wir gehen nämlich ins Kino.«

flaute auf dem oberdeck

– An Bord eines Klubschiffes im Mittelmeer.

Während einer Kreuzfahrt im westlichen Mittelmeer. Vor dem Ablegen höre ich, wie zwei Frauen, nachdem sie die Route studiert haben, irritiert einen Steward ansprechen:

»Wo liegt eigentlich ›Seetag‹ *(in einer völlig falschen Aussprache, etwas wie ›Siehtähk‹),* und warum sind wir da gleich zweimal?«

tourismus-einsatz in kundus?

– Garmisch-Partenkirchen.

Auf einer Party. Mein Freund und ich stehen an der Bar. Ein Typ (Bundeswehrarzt) unterhält sich neben uns mit einer Bekannten.

Er: »… ja, und jetzt schicken sie mich doch für vier Monate nach Afghanistan.«
Sie: »Vier Monate nur? Da hast du doch gar keine Zeit, dir das Land richtig anzusehen!«

rudimentäre materialkunde

– Hamburg. In einem Bus.

Zwei Ausländer unterhalten sich. Der eine versucht, dem anderen zu erklären, was Schnee ist. Er wählt dafür folgenden Erklärungsansatz:

»Is nix Regen, is anderes Material.«

vom glauben, zu wissen, was andere glauben

– Münster. Im Bus.

Zwei Mädchen (ca. 17) unterhalten sich über Religion.

Mädchen (mit Kopftuch): »Ich versteh die Christen nicht. Wie kann man denn glauben, vom Affen abzustammen?«

parteiprogramm: do it yourself

– Paderborn.

Kommunalwahl in NRW. In der Kabine neben mir steht ein Typ und braucht ewig. Der Wahlhelfer wird langsam unruhig und ruft dem Typ in der Wahlkabine zu.

Wahlhelfer: »Haben Sie denn jetzt bald mal Ihren Wahlgang beendet?«
Typ: »Wie schreibt man Kollaborateur?«

als soldat ist man halt immer im dienst

– Würzburg. s.Oliver Arena.

Vor dem Clueso-Konzert. Die meisten Zuschauer haben schon Platz genommen und warten auf den Auftritt. Eine Frau mit Begleitung tippt auf ihrem Smartphone herum, dahinter sitzt ein Jugendlicher und beobachtet die Frau nervös. Irgendwann hält er es nicht mehr aus und klopft der fremden Frau von hinten auf die Schulter.

Junge: »Boah, könnt' ich mal kurz dein Handy haben?«
Junge Frau: »Äääh … Nein?! Wieso?«
Junge: »Ich muss unbedingt mal auf Facebook … ich muss noch bei Kingdoms of Camelot ein paar Truppen ausbilden!«

interkontinentalreise ins 17. bundesland

– Hannover. In einer Kantine.

Zwei Kollegen unterhalten sich.

#1: »Gestern hab ich meine Tochter gefragt, wo wir denn dieses Jahr im Urlaub hinfahren wollen.«
#2: »Und, was hat sie gesagt?«
#1: »Ibiza oder Mallorca. Hab ich gesagt, pass mal auf, mein Fräulein, so lange wie ich den Urlaub bezahle, bleibst du in Europa!«

geschichte ist, was du draus machst

– München. Im Deutschen Museum.

Vater und sein Sohn stehen vor einer V2-Rakete aus dem Zweiten Weltkrieg.

Vater (stolz): »Guck mal, damit sind wir zum Mond geflogen!«

fuhr mose wirklich einen russen?

– München.

Es ist Abend, im Fernsehen läuft gerade *Indiana Jones – Jäger des verlorenen Schatzes.* Eine Freundin fragt in die Runde:

»Nach was für 'nem ›Bundes-Lada‹ suchen denn die? Ich dachte, das wär keine deutsche Automarke?!«

hoffentlich färbt nichts ab

– Hamburg. Im Bus der Linie 124 Richtung Bergedorf.

Zwischen zwei Mädchen kommt es zu folgendem Dialog:

#1: » … und dann ist mir aufgefallen, dass der voll scheiße ist.«
#2: »Ey, du bist gar nicht so blond, als wie ich dachte.«
#1: »Nee, sind nur Strähnchen.«

faschingsprinz aus dem morgenland?

– Siegen.

Vater und Sohn spazieren die Siegener Oberstadt entlang. Plötzlich kommen ihnen Sternsinger entgegen.

Sohn: »Oh guck mal, Papa, Halloween!«
Vater: »Nee, nicht Halloween. Karneval!«

lesen ist gewesen

– Bremen. Einkaufszentrum Waterfront.

Vor einem Buchladen stehen zwei Mädchen um die 16.

#1: »Wollen wir mal reingehen?«
#2: »In den Buchladen? Ich bin doch nicht bekloppt … Nachher sieht mich da noch einer!«

lesen und lesen lassen

– Aachen. In der Fußgängerzone.

Im Woolworth steht ein kleiner Junge (ca. vier) am Bücherregal. Seine Mutter ruft ihm zu:

»Kevin, komm von die Bücher weg ... wir lesen nicht!«

made in germany

– Bonn. Am Hauptbahnhof.

Ich stehe an einem Hähnchenstand und gebe gerade meine Bestellung auf, als hinter mir zwei junge Checker auftauchen.

#1: »Ey, Alda, aber isch hab keine Bock auf scheiß Hähnchenschenkelscheißedreck!«
#2: »Scheiß auf scheiß Hähnchenschenkelscheißedreck. Nimm ma Spießbratenbrötchen!«
#1: »Was denn das? Spießbrötchen?«
#2: »Is deutsche Döner, is korrekt, Mann!«

vitamin w

– Ludwigslust.

Eine alleinerziehende Mutter mit ihrem kleinen Sohn (ca. sechs) auf einem Gemeindegrillfest.

Sohn: »Mama, ich will die Wurst nicht mehr.«

Er ist im Begriff, die Reste seiner Bratwurst wegzuwerfen.

Mutter (bestürzt): »Nein, Justin! Das isst du jetzt noch auf! In der Pelle sind doch die ganzen Vitamine!«

alles bio, oder was?

– München. Im Marriott Courtyard.

Beim Mittagessen. Mein Kollege erkundigt sich beim Kellner.

Kollege: »Ist beim Tagesgericht (ein Burger) das Fleisch Biofleisch?«
Kellner: »Natürlich ist es Biofleisch, ist ja ein Tier.«

alles stümper außer mich

– Bochum. Universität.

Eine Studentin hält ein äußerst schlechtes Referat. Sie schließt mit den Worten:

»Obwohl es Hegel und Mommsen nicht schaffen, meine These zu belegen, möchte ich ihre Werke hier nicht abwerten. Für einige Dinge sind sie vielleicht doch nützlich.«

die langeweile weggespült

– Hamburg. U-Bahn Gänsemarkt in Richtung Hbf.

Vor mir sitzen zwei junge Männer. Schätzungsweise um die 18 Jahre alt und mit Migrationshintergrund.

#1: »Was hast du Wochenende gemacht, Alda?«
#2: »BOOOOOOA, Wochenende war so langweilig, ey. Samstagabend hab ich fast Buch gelesen. Aber dann hat zum Glück Kollege angerufen … sind wir saufen gegangen.«

sie ist vollkommen aus dem höschen

– Bremen. Zwischen Brill und Wall.

Gegen ein Uhr nachts. Ein Mädchen geht mit forschem Schritt und laut protestierend vor ihren zwei Freundinnen die Straße hoch. Sie hat einen Slip in der Hand:

»Da frag ich: ›Zeichnet sich mein Schlüpfer ab?‹ Dann heißt es ›Ja!‹. Dann zieh ich ihn aus, und dann ist es auch wieder nicht richtig!!«

im zweifel für die angemachte

– Würzburg.

In einer Kneipe. Ich stehe in der Schlange vor dem Damenklo. Am Waschbecken stehen zwei Mädels und betrachten sich im Spiegel. Als sie die Person vor mir erblicken, sprechen sie sie an.

Mädel #1: »Oh, du siehst so brav aus. Du bist bestimmt Studentin, oder??«
Sie: »Ja.«
Mädel #2: »Boahh, echt? Welches Fach denn?«
Sie: »Jura.«
Mädel #1: »Wow, cool, YOGA. Meine Mama kann 'nen Kopfstand!«

er, sie, wen oder was?

– Andernach. Im Bus.

Morgens im Bus auf dem Weg zur Schule sitzen zwei Jugendliche (ca. 15 bis 16).

#1: »Alda, wirklich maskulin bist du ja nicht gerade.«
#2: »Jaja, jetzt kommst du mit den Fremdwörtern, die kenn ich auch. Maskulin, feminin und Akkusativ.«

e10 vs. iq 10

– Kassel. In einer Kneipe.

Ein paar Leute Anfang 20 sitzen am Nachbartisch und unterhalten sich über die Gefahren des E10-Kraftstoffes für den Verbrauch und den Motor ihres Autos.

Sie: »Was bedeutet eigentlich E10?«
Er: »E steht für Ethanol. Die mischen jetzt bis zu zehn Prozent davon in den Sprit.«
Sie: »Ethanol ist doch Alkohol, oder?«
Er: »Ja, schon.«
Sie (besorgt): »Alkohol ist doch brennbar! Ist das nicht gefährlich, wenn die das jetzt in den Sprit mischen?«

pharmafia

– Mannheim.

Zwei Frauen (Mitte 40) bleiben an einem Brezelstand stehen.

#*1:* »Ich nehme das Schmerzmittel nicht mehr.«
#*2:* »Wieso?«
#*1:* »Die machen da so viel Nebenwirkung rein!«

geh wieder traktorfahren, sokrates!

– Köln-Sülz.

Zwei türkische Jungen (ca. 13) sitzen in der Bahnlinie 9 und unterhalten sich angeregt über das Play Station-Prügelspiel »Tekken«.

#*1:* »Alder, da musst du erst X drücken und dann ganz schnell Kreis, dann macht der voll krasse Moves!«
#*2:* »Alder! Weiß gar nicht, dass der Kämpfer das kann!«
#*1:* »Du weißt ja auch nix, Alder!«
#*2:* »Ich weiß, dass ich nichts weiß.«
#*1:* »Alder, hör auf mit so scheiß Bauernregel, ey!«

mein mann hat mir heute einen strauß brote geschenkt!

– Dallgow. In einem Supermarkt.

Ein Mann kommt mit seinem Kassenbon zur Kassiererin zurück.

Mann: »Sag'n se mal, was is denn datt hier? Ich hab doch keen Baguette gekooft.«

Er zeigt auf den ersten Artikel auf dem Bon.

Kassiererin (nimmt den Bon): »Neee, da steht nicht Baguette, sondern Bouquet … das sind die Blumen, die Sie gekauft haben.«
Mann: »Ach sooo, na dann ist ja alles klar.«

Er verlässt den Laden.

Kassiererin (grinsend): »Jaja, Englisch müsste man können.«

ich bin massenkompatibel

– Zwischen Euskirchen und Bad Münstereifel. Im Bus der Linie 801.

Ein Mädel um die 18 telefoniert die ganze Zeit mit einer Freundin. Kurz vor Bad Münstereifel kommen sie auf einen Typen zu sprechen, mit dem besagte Handynutzerin wohl ihre persönlichen Differenzen hat.

Mädel: » … und den Typen kannste echt in keine Schublade stecken. Ich mein, dich sieht man und weiß: Hip-Hopper. Aber bei dem?! Und nun rate mal, was mir lieber is?«

(Pause)

»Genau! Leute, die man nicht in Schubladen stecken kann, sind voll nervtötend.«

die dreifache kindesmisshandlung

– Kiel. In einem Restaurant. Am Nebentisch sitzen Medizinstudenten.

#1: »Nein, Mann, Gandalf ist ein richtiger Name!«
#2: »Geil, dann nenn' ich so meinen Sohn. Und dann rufe ich ihn Gandhi … oder Alf.«

kein schönes land in dieser zeit

– Freiburg. Zu Hause.

Ich belausche ein Gespräch zwischen meinen beiden kleinen Brüdern (acht und zehn).

#1 (singend): »Moskau, Moskau, wirf die Gläser an die Wand, Russland.«
#2: »Ich glaub, das Lied war mal verboten.«
#1: »Echt? Warum war das verboten?«
#2: »Ich glaub, weil Russland kein schönes Land ist.«
#1: »Stimmt, kann sein.«

... weil sich dreck martin nicht so gut anhört?

– Münster. Im Bus.

Ein Pärchen (Anfang 20) steigt in den Bus und setzt sich in die letzte Reihe, er Typ Macho.

Ansage: »Nächster Halt: Sankt Antonius Kirche.«
Er: »Wieso eigentlich immer Sand?«
Sie: »Keine Ahnung! Warum?«
Er: »Ja, Mann. Alle Kirchen haben so ein Sand davor!«
Sie: »Ja und?«
Er: »Ja, warum immer Sand und nicht Erde oder Dreck?«

schnipp schnapp, zukunft ab

– Hamburg. Bushaltestelle Horner Rennbahn.

Zwei Mädels (ca. 18) treffen sich an der Bushaltestelle.

#1: »Ich habe heute meine Ausbildung abgebrochen!«
#2: »Wo denn?«
#1: »Beim Friseur.«
#2: »Warum das denn?«
#1: »Die haben mich nicht an die Kunden gelassen.«
#2: »Seit wann machst du denn die Ausbildung?«
#1: »War heute mein erster Tag.«
#2 (sprachlos)
#1: »Die haben mich nur an einen Übungskopf gelassen, acht Stunden lang.«

doofsein kann ganz schön doof sein

– Augsburg. In einer Schule.

Während der Hausaufgabenbetreuung.

Die Betreuerin (zu einem Schüler, der schon mehrfach gestört hat): »Jetzt hör doch mal bitte endlich mit dem doofen Getue auf!«
Schüler: »Ich bin nicht doof! Sie können mich doch nicht doof nennen!«
Betreuerin: »Okay, hmm, also: Du legst gerade ein taktisch sehr unkluges Verhalten an den Tag. Besser?«
Schüler: »Hä? Check ich nicht.«
Betreuerin: »Siehste!«

da geht kein licht auf

– Dresden. Deutsches Hygienemuseum.

In einer Dauerausstellung gibt es eine gläserne Frau. Wenn man an dieser auf verschiedene Knöpfe drückt, leuchten die jeweiligen Körperteile und Organe des Modells. Vor besagtem Exponat steht ein Pärchen, der Mann drückt auf den Knopf, der das Gehirn aufleuchten lässt.

Er: »Guck mal! Da leuchtet das Gehirn!«
Sie: »Wo?«

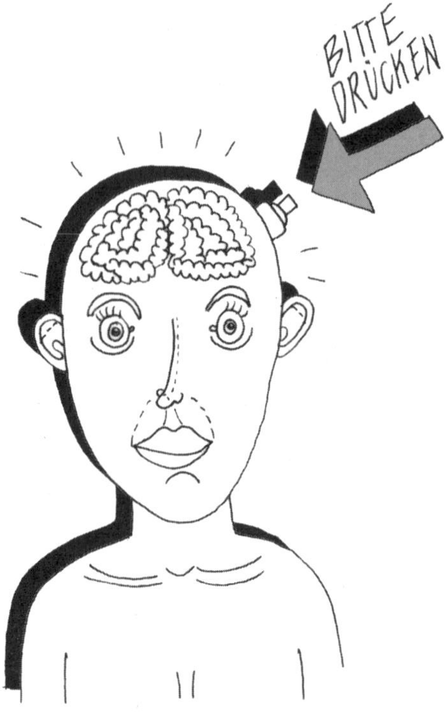

das neue modell auch in gummi: der iso 3601

– Stuttgart. Im Bus.

Drei Mädchen unterhalten sich.

#1: »Boah, krass, du hast ja voll den neuen Ring, oder?!«
#2: »Ja, krass, gell! Hab ich zu Hause gefunden!«
#3: »Sieht irgendwie aus wie ein Dichtungsring von einem Wasserhahn oder so. Bist du sicher, dass es ein Ring ist?«
#2: »Du bist ja nur neidisch, das ist voll der teure Markenring, der hat sogar nen Markennamen eingraviert ... Gugg, da steht die Marke: stainless steel!«

sinfonie des intellekts in g-moll

– Hamburg. In einem Bus Richtung Harburg Bahnhof.

Ein Paar mittleren Alters brütet neben mir über dem Kreuzworträtsel der *Bild.*

Er: »Tongeschlecht mit vier Buchstaben.«

Pause und angestrengte Gesichter bei beiden.

Sie: »Gips.«
Er: »Passt!«

checkt er nicht

– München. Flughafen.

Ein betagtes Ehepaar wendet sich an eine Flughafenmitarbeiterin.

Sie: »Entschuldigen Sie, wo kann man hier, äh ...«
Er: »Des mit dem Koffer?«
Flughafenpersonal: »Wiegen? Aufgeben?«
Sie: »Ich glaub, des hieß ›einschenken‹.«
Flughafenpersonal: »Einchecken?«
Er (zu ihr gewandt): »Komm, gehen wir, die kennt sich auch nicht aus ...«

alles im fluss

– Minden. In der Berufsschule.

Lehrer: »Welcher Strom fließt durch Afrika?«
Schülerin: »Ähh ...«
Lehrer: »Na? Mit drei Buchstaben ...!«
Schülerin: »Ähh ... EON!?!«

mucki-mathe

– Frankfurt. Im McFit unter der Dusche.

Ein Wandschrank türkischer Herkunft zu einem Mitduscher:

»Hey! Weißt du, am Wochenende …«
(hebt ersten Finger): » … isch«
(hebt zweiten Finger): » … Kollege«
(hebt dritten Finger): » … seine Freundin«
(hebt vierten Finger): » … meine Freundin«
(bekommt leuchtende Augen): » … haben konkret flotte Dreier gemacht!«

DIE BEMERKENSWERTESTEN BEZIEHUNGEN – „… KONKRET FLOTTE DREIER GEMACHT!“

Wenn es um die Verbalisierung zwischenmenschlicher Gefühle geht, ob vom Herzen oder anderen Körperregionen ausgehend, geraten selbst altgediente Belauscher wie wir regelmäßig in Hochstimmung. Liebe, Sex und Beziehungen – kaum ein anderes Gesprächsthema hat uns so zuverlässig mit gleichsam faszinierenden wie verstörenden Geschichten versorgt. Und auch wenn wir uns immer wieder gefragt haben, ob aufgrund derart eklatanter zwischengeschlechtlicher Irrungen und Wirrungen noch an einen Fortbestand unserer Gattung zu glauben ist, sind wir nach Jahren nervösen Beobachtens diverser Geburtsstatistiken mittlerweile weitestgehend beruhigt: Wider alle Erwartungen scheint es doch irgendwie zu klappen mit der Liebe und allem, was dazugehört. Deshalb: Hand aufs Herz und weitermachen! Das wird schon, irgendwie …

schlag mich, und ich küss dich

– Freiburg im Breisgau.

In einem Edeka in St. Georgen. Zwei Jugendliche (ca. 15) unterhalten sich lautstark über die gestrige Party:

#1: »Hey, Murat! Was lief noch mit dem Mädel gestern?«
#2: »Hab sie abgecheckt!«
#1: »Hast sie geküsst?«
#2: »Awa! Viel besser! Ich hab sie jetzt bei Quizduell!«

last christmas, i gave you my heart …

– München. Marienplatz.

Zwei Studentinnen unterhalten sich in der U-Bahn.

#1: »Ich hab mich jetzt doch entschieden, mit meinem Freund Schluss zu machen. Aber dafür gibt es einfach nie den richtigen Zeitpunkt.«
#2: »Warte unbedingt noch bis Weihnachten, er meinte, er hat ein Hammer-Geschenk für dich!«

die eifersucht eines auskurierten virus?

– Hamburg. In einer Arztpraxis.

Die Arzthelferin kommt in das schon am Morgen ziemlich volle Wartezimmer.

Arzthelferin #1: »Es tut mir leid, dass wir Ihren Termin heute beim Doktor absagen müssen. Der Doktor hat einen Magen-Darm-Virus und kann heute nicht arbeiten ...«

Von draußen kommt die für alle deutlich hörbare Bemerkung der zweiten Arzthelferin:

»Jaja ... Blond oder brünett?«

wo stehst du auf der pfefferspray-leiter?

– Lemgo. DRK-Zentrum.

Eine Kollegin erzählt von zu Hause:

»Meine Mutter hat meiner Schwester ein Pfefferspray gekauft, weil sie meint, sie wäre jung, schlank und hübsch und viel nachts allein unterwegs – sie würde bestimmt mal überfallen oder vergewaltigt. Ich bin auch viel nachts allein unterwegs, und ich habe kein Pfefferspray bekommen ... Weil meine Mutter anscheinend denkt, dass ich alt, fett und hässlich bin ...«

auch eine art, die verwandtschaft loszuwerden

– Karlsruhe. Europabad, in der Sauna.

Es ist Aufgusszeit in der Außensauna, die deswegen ziemlich voll ist. Die Tür wurde gerade durch das Personal geschlossen. An der Tür schaut von draußen eine ältere Frau mit einer etwas jüngeren im Schlepptau rein.

Saunagast: »Wollen wir die noch reinlassen?«
Personal: »Ja okay, ich habe ja noch nicht angefangen …«

Die Frauen kommen rein.

Personal (hält die jüngere Frau auf): »Sie müssen die Badeklamotten aber schon ausziehen, wenn sie hier reinwollen.«

(Die jüngere dreht sich um und geht.)

Ältere Frau: »Entschuldigen Sie, ich bin eine ganz normale Oma, aber ich hab eine total verklemmte Verwandtschaft …«

all i want for christmas is … me!

– Nürnberg. In der S-Bahn Richtung Hartmannshof.

Ein Junge und ein Mädchen (beide ca. 20) unterhalten sich.

Sie: »Ich habe heute ein Geschenk für meinen Freund gekauft …«
Er: »Hat der Geburtstag?«
Sie: »Neee … Weihnachten …«
Er (triumphierend): »Zum Glück haben meine Freundinnen jedes Mal vor Weihnachten Schluss gemacht, sodass ich nie was kaufen musste.«
Mädchen (etwas nachdenklich): »Oh Mann … so viel Glück hatte ich noch nie.«

wenn argumente verpuffen …

– Freising. Hittostraße.

Samstagmorgen. Ich warte auf den Bus. Neben mir steht ein älteres Ehepaar und unterhält sich über Schule von heute.

Er: »… ja, und mit 14 haben die dann Sexualkundeunterricht. Da lernen die mit VIERZEHN, wie man sich im Bordell zu benehmen hat! Da stimmt doch was nicht!«

liebe zu klein, bildschirmdiagonale zu groß

– Herne. Bahnhofstraße.

Zwei Männer unterhalten sich.

#1: »Jo, eigentlich wollte ich ja mit der Doris zusammenziehen. Die hat ja ne Zwei-Zimmer-Wohnung.«
#2: »Ja und, was is jetzt?«
#1: »Ich hab doch diesen riesigen, geilen Fernseher. Der passte nicht in ihr Wohnzimmer.«
#2: »Und jetzt sucht ihr zusammen ne größere Wohnung?«
#1: »Nee, hab ich mit ihr Schluss gemacht.«

nächste haltestelle: selbsterkenntnis

– Trier. In einem Bus.

Eine junge Frau mit insgesamt leicht asozialem Touch steigt mit ihren vier kleinen Kindern in den Bus ein. Die Kinder lärmen herum, hören nicht auf die Ermahnungen ihrer überforderten Mutter. Völlig entnervt dreht sie sich zu einem Mitfahrer um und nölt zu ihm für alle hörbar:

»Das hat man von der ganzen Fickerei!«

ehrlich währt am längsten … single

– Niederkassel. In einer Grundschule.

Ich habe Pausenaufsicht auf dem Schulhof. Junge (neun) geht zu Mädchen (acht).
Er: »Hey, willste mit mir gehen?«
Sie: »Fällt dir nix Besseres ein???«
Er: »Doch …«

(kurze Pause)

»… aber die wollte nicht.«

jumbo-ulla im anflug

– Hamburg. Flughafen.

Zwei ältere Herren sitzen im Wartebereich der Ankunftshalle.

#1: »Und auf welche Maschine warten Sie?«
#2: »Auf Ulla, meine Frau.«

wir sind daily soap

– München. In einer U-Bahn.

Zwei Teeniemädels (ca. 15) unterhalten sich.

#1: »Was machst du heut noch?«
#2: »Ich geh zum Jusuf.«
#1: »Echt, bist du immer noch mit dem zusammen? Der ist doch langweilig.«
#2: »Ja, hast recht. Glaub, ich mach Schluss heute.«
#1: »Echt? Geil. Kann ich mitkommen, zugucken?«

was neues zum dran rumschrauben

– Oberhausen. Willy-Brandt-Platz.

Ein Pärchen (ca. Anfang 20) steht vor dem Haupteingang des Bahnhofs.

Er: »Mit dir ist es bisher der interessanteste Sex, den ich je mit einer Frau hatte.«
Sie: »Interessant kann aber auch schlecht sein.«
Er: »Nein, positiv interessant. Ich entdecke die Möglichkeiten.«
Sie: »Jetzt fühl ich mich wie 'ne Kiste von IKEA.«

vom schluckspecht wurde sie zur schnappschildkröte

– Grafschaft.

Auf einer Geburtstagsparty unterhält sich eine Gruppe junger Frauen.

Junge Frau (25): »Ich mag Kinder, ich möchte gerne selber welche haben.«

Ihr Freund hat dies gehört und wirft für alle im Raum gut hörbar ein:

»KINDER? DIE SCHLUCKST DU DOCH ALLE RUNTER!«

make war not love

– München. Café Jasmin.

In der Ecke sitzt ein turtelndes Pärchen.

Bedienung: »Ich bin gerade frisch getrennt und vertrage so viel Romantik nicht. Könnt Ihr wiederkommen, wenn ihr euch streitet!?«

nach seinem abgang wurde der lebensweg zur flaniermeile

– Ludwigshafen. In der Straßenbahn.

Zwei alte Damen unterhalten sich.

#1 (mit verträumtem Blick aus dem Fenster schauend und einem leisen Seufzer): »Ach ja, mein Mann ist jetzt schon elf Jahre tot – und ich muss sagen, das waren die elf besten Jahre meines Lebens!«
#2 (beipflichtend): »Mein Mann ist erst sieben Jahre tot, aber ich möchte die Zeit auch nicht missen.«

ab in die beziehungskrise

– Troisdorf.

Im Aldi an der »Einpackablage« hinter der Kasse. Ein junges Pärchen packt gerade seine Einkäufe in den Kinderwagen und möchte den Laden verlassen. Da greift die junge Frau zu den Reiseprospekten.

Er (etwas aufgebracht): »Erst ein Kind, jetzt ne Reise … was willst du denn noch alles?!«

sie stand schon immer mehr auf perser

– Kiel. Gutenbergstraße.

Ein Ehepaar im Baumarkt. Offensichtlich unterscheiden sich die Meinungen, was denn nun wirklich benötigt wird.

Frau: »Ach guck mal, Schatz, da gibt's günstige Teppiche im Angebot.«
Mann (schon mittelherb angepisst): »Was sollen wir denn mit noch mehr Teppichen?«
Frau (schielt im Vorbeilaufen noch mal auf das Plakat und murmelt in sich rein): »1,60 lang und 1 Meter breit, da würdest du zum Beispiel reinpassen.«

was frauen nicht hören wollen

– Baden-Baden.

Beim Italiener. Ein Pärchen sitzt neben uns. Es sieht nach einer ganz frischen Liebe aus, denn es wird getuschelt und geflirtet ohne Ende.

Sie: »Ich bin zu dick!«
Er: »Nein, du bist nicht dick! Du bist … drall!«

außen hui, innen pfui

– Wien. Restaurant Himmelsstube.

Valentinstag, abends in einem edlen Lokal. Am Nebentisch unterhält sich eine dunkelhäutige Schönheit mit ihrem Begleiter.

Sie: »Mein Ex meinte, dass mein Aussehen und mein Wesen überhaupt nicht zusammenpassen. Also, dass ich ganz anders wirke, als ich dann bin. Findest du auch, ich müsste eigentlich anders aussehen?«
Er: »Nein. Du müsstest anders sein.«

vom thema abgetrieben

– München. Hauptbahnhof.

Im U-Bahn-Untergeschoss. Ein Pärchen, beide etwa 17. Er in aggressivem Ton zu ihr:

»Ey, eins sag ich dir: Wenn du schwanger wirst und du treibst mein Kind ab, dann treib ich dich ab … Hey! Was is das denn für ein krasser Hund da vorne! So einen hatte ich auch mal!«

arsch sucht dumpfbacke

– München. Rotkreuzplatz, in der Straßenbahn.

Zwei junge Typen unterhalten sich.

#1: »Eh, die kommt nie mit mir zusammen!«
#2: »Klar, die steht doch voll auf dich.«
#1: »Nee, die hat viel zu viel Menschenkenntnis.«
#2: »Hä?«
#1: »Na, die checkt genau, was ich für ein Arschloch bin.«

sie führen schon seit längerem eine fernbeziehung

– Kiel. Westring.

Nachts um zwei, auf dem Weg nach Hause. Uns kommen einige schwerstbetrunkene Teenager entgegen. Ein Mädchen und ein Junge haben über einen Abstand von ungefähr 50 Metern ein äußerst erfolgreiches Trennungsgespräch.

Sie: »Ich hasse dich!«
Er: »Sag das noch einmal!«
Sie: »Was soll ich noch einmal sagen?!«
Er: »Du hasst mich!«
Sie: »Ich hab was?«
Er: »Du hasst mich!!!«
Sie: »Ich hab WAS?«
Er: »Du HASST mich!!!«
Sie: »Ich hab WAAAS???«

opa, halt dich lieber bedeckt!

– Staufenberg.

Ein 75-jähriger Mann niest lautstark in seinem Garten.

#1: »Gesundheit!«
#2: »Jaja, mich hat's erwischt. Hab mich nach dem Sex nicht zugedeckt.«
#1: »Und ist deine Frau auch krank?«
#2: »Ach was, die war doch gar nicht dabei!«

wenigstens sind letztere kernlos

– München. In einer Kneipe am Gärtnerplatz.

Nachts auf dem Damenklo:

»Also echt, an Wassermelonen hasse ich wirklich alles! Geschmack, Farbe, Form … fast so schlimm wie Penisse!«

viele wege führen nach rom

– Irgendwo in Nordrhein-Westfalen. In einer Studentendisco.

Er (lallend): »So, wie du aussiehst, findest du doch heute Abend keinen mehr.«
Sie: »Meinst du?«
Er: »Bin ich mir sicher. Geh besser mit mir mit!«
Sie: »Okay.«

und wieder kochte nur die milch über

– Hannover. Im Rossmann Drogeriemarkt an der Kasse.

Eine Kundin legt ein Paar Gummihandschuhe, einen Cerankochfeldschaber sowie ein Fläschchen Gleitgel auf das Band. Die Kassiererin zieht alle Artikel über den Scanner. Danach ihr trockener Kommentar:

»Also, nach Spaß zu zweit sieht das aber nicht aus!«

sextipps von dr. dreirad

– Mosbach.

Ein junger Typ läuft auf dem Gehsteig. Zwei kleine Kinder rufen ihm über den Gartenzaun zu.

Mädchen: »Ey! Hast du 'ne Freundin?«
Typ: »Ich? Nö.«
Junge: »Wieso? Willst du nicht ficken?«

kurz vor valentinstag noch mal die fronten klären

– Stuttgart. In der U-Bahn.

Ein Mädchen und ein Junge sitzen in der U-Bahn und unterhalten sich über die Ex von dem Jungen.

Er: »Ich liebe sie echt noch, und ich vermiss die so!!!«
Sie: »Ach was, du hast echt was Besseres verdient.«
Er (blickt ihr tief in die Augen): »Dich?«
Sie: »Na ja, so was Gutes nun auch wieder nicht.«

bei dem preis steigt nur der blutdruck

– Paderborn. In einer Apotheke.

Ein Kunde (ca. 50) betritt die Apotheke und überreicht der Apothekerin sein Rezept. Sie geht damit in den hinteren Teil der Apotheke und kommt mit einem Medikament, diskret in einer Tüte verpackt, zurück.

Apothekerin: »120 Euro bitte.«
Kunde: »Wie bitte? 120 Euro?«
Apothekerin (freundlich): »Wissen Sie, das ist ein sogenanntes Lifestyle-Medikament und damit leider keine Kassenleistung …«
Kunde: »Ach so. Okay. Nee, dann lasse ich das. Mit der Geliebten klappt's auch so, und mit meiner Frau ist es mir eh egal.«

trotz überraschungsmoment: die wetten standen gegen ihn

– Esslingen am Neckar.

Mittwochmorgen, drei Uhr. Es klingelt stürmisch an der Wohnungstür.

Bewohnerin (über Freisprechanlage): »Hallo, wer ist da?«
Unbekannter: »Hallloo …? Weißt du, meine Freundin hat mich verlassen, kann ich bei dir übernachten?«

männerlogik

– Eberdingen-Nussdorf.

Mann zu seiner Ehefrau nach einem Streit:

»Tut mir leid, aber entschuldigen werde ich mich nicht! Sorry!«

einsame pfeifen

– Koblenz. Balduinbrücke.

Zwei Jungs (ca. 18) gehen vor mir die Brücke entlang.

#1: »Seit alle immer Kopfhörer auf den Ohren haben, ist es irgendwie witzlos geworden, den Weibern hinterherzupfeifen.«

jeder hat sein päckchen zu tragen ...

– München. Nordheide vor dem Penny.

Ein junges Paar kommt vom Einkaufen. Sie geht schnellen Schrittes voran. Ein gutes Stück dahinter ihr cooler Typ mit Rucksack und Einkaufstüten bepackt. Er jammert vor sich hin:

»Oh Mann, jetzt geh ich sogar schon mit Rucksack zum Einkaufen, mit RUCKSACK. Wenn mir das jemand vor drei, vier Jahren gesagt hätte ... mit RUCKSACK!!!«

in frankfurt nur an pariser gedacht

– Detmold.

Zwei Typen stehen hinter mir an einer Fußgängerampel. Sie unterhalten sich über den Ausflug des einen nach Frankfurt am Main.

#1: »Haste dann ja gar nichts gesehen von Frankfurt ...«
#2: »Nee, nur Puff. Puff is das, was mich interessiert!«

dem date das genick gebrochen

– Lindau. In einem Restaurant.

Ein Paar (ca. 30), gut aussehend und gut gekleidet, diniert am Tisch neben uns. Sie scheinen sich noch nicht lange zu kennen. Beim Dessert kommt es zu folgendem Dialog.

Er: »Ach, Pferde mögen Sie, ja?«
Sie: » … «
Er: »Ach, Reiten, ja? Interessant. Na, mir sind die suspekt, diese großen Viecher. Also ich sag ma so: Zu einem Tier, dem ich nicht eigenhändig das Genick brechen könnte, also ich mein jetzt, vollkommen ohne fremde Hilfe, zu so einem Tier könnte ich NIE eine tiefe Beziehung aufbauen. Völlig ausgeschlossen.«
Sie (entsetzt): » … «
Er: »Na ja, nur im Spaß … hähä … hähä …« (hüstel)

… und noch eine motorsäge und müllsäcke

– Flensburg. Max-Bahr-Baumarkt.

Ein Pärchen kauft Heimwerkergegenstände. Anscheinend wollen die beiden ein Zimmer streichen und stehen vor dem Zubehörregal.

Sie: »Wir brauchen unbedingt noch Abklebeband!«
Er: »Wozu das denn bitte?«
Sie: »Um dir damit die Fresse zuzukleben!«

auf meine freundin lass' ich nichts kommen, auf mich jeden

– Düren. Kulturfabrik Endart.

In der Diskothek arbeiten zwei Freundinnen. An einem Abend lernt eine von beiden einen Typen kennen.

Sie: »Komm, dahinten arbeitet meine Freundin, gehn wir mal hin, dann kannst du sie auch mal kennenlernen!«
Er: »Nee, das möchte ich nicht.«
Sie (verblüfft): »Wieso?«
Er: »Hab gehört, dass die 'ne Schlampe ist, die macht jedes Wochenende mit anderen Typen rum.«
Daraufhin lacht sie, winkt ab und sagt: »Ach Quatsch, das bin doch ich.«

kein zauber mehr in der kiste

– Augsburg. Im Saturn-Markt in der City-Galerie.

Ein Ehepaar kauft einen Stabmixer.

Kassiererin (verdutzt): »Ach, die Dinger heißen ja wirklich ›Zauberstab‹!«
Kundin: »Ja, damit wir wenigstens einen Zauberstab im Haus haben!«

allemal besser als sarah connor

– Köln. Marktplatz.

Ein Krankenwagen mit Blaulicht und Sirene braust vorbei. Neben mir ein händchenhaltendes Liebespaar, das auch die Straße überqueren will. Sie zu ihm mit einem Kopfnicken auf den Krankenwagen weisend:

»Horch, Schatz, sie spielen unser Lied!«

scharf-schürzenjäger

– Gummersbach.

Auf dem Weg zum Bahnhof, auf Höhe der Schule gegenüber dem Stadthaus. Zwei Schüler (ca. 13) unterhalten sich über eine missglückte Anmache.

#1: »Ich habe der Perle voll das gute Kompliment gemacht, aber irgendwie ist die nicht drauf abgefahren.«
#2: »Was hast du denn zu ihr gesagt?«
#1: »Hey, du hast voll die verschärften Augen.«
#2: »Verstehe ich nicht. Ist doch ein super Spruch!«
#1 (kopfschüttelnd): »Weiber!!!«

organcheck vor dem ersten date

– Hemmoor. Am Schulzentrum.

Zwei Haupt-/Realschüler (ca. zehn) überlegen, wie der eine von ihnen seiner Herzdame ein Kompliment machen könnte.

#2: »Mein Paps sacht immer was von ›innere Werte‹ oda so … glaub, der meint, nicht nur so außen gucken.«

#1 überlegt kurz und fängt dann breit an zu grinsen.

#1: »Ey, isch hab's! Hör ma: ›Ey Schnucki! Du hast voll krass geile Leber!‹«

dumm, wenn er nicht dumm genug ist

– Mannheim. Zu Hause.

Ein befreundetes Pärchen ist zu Besuch. Er sagt irgendwas Doofes.

Sie: »Du bist ja schon ein bisschen dumm!«
Er: »Dumm fickt gut!«
Sie: »So dumm bist du nun auch wieder nicht.«

mein leben mit dem trainspotter

– Mannheim. Hauptbahnhof.

Ein Pärchen verabschiedet sich gerade voneinander, als ein Zug aus Frankreich einfährt. Der Mann ist offensichtlich Eisenbahnfan.

Er (begeistert): »Oh, ein TGV!«

Er starrt den Zug lang an.

Seine Freundin (genervt): »Schatz, der Zug ist in fünf Minuten noch da! ICH ABER NICHT!«

ihre lieblingsromanze: rambo III

– Fürth. In einer Kneipe.

Frau (Anfang 30) zu ihrer Freundin:

»Und dann meint der noch zu mir, ich wär total gefühlskalt!«

(Pause)

» … aber das ist mir scheißegal.«

endlich hat mein junge es zu etwas gebracht!

– Berlin. Vor dem Knaack-Klub.

Draußen sitzt ein Checker um die 18 mit einem wesentlich älter wirkenden Mädchen und knutscht wild herum. In einer kurzen Pause sagt er:

»Alder, wenn isch meiner Mama verchecke, dass isch Studentin geknuscht habe … ist die krass stolz auf misch!«

patchwork[2]

– Berlin. Im Taxi.

Ein Pärchen sitzt hinten. Sie küssen und liebkosen sich. Dann kommen sie auf eine Ausstellung zu sprechen.

Sie: »Du, das ist eine ganz tolle Ausstellung! Da möchte ich echt gern mal mit den Kindern deiner Frau hingehen.«

steilpass ins nichts

– Karlsruhe.

Abends an einer roten Ampel. Ein Jogger und eine hübsche Radfahrerin, beide Ende 20, warten an der leeren Kreuzung auf Grün.

Er: »Fuck, mein linkes Knie tut höllisch weh!«
Sie (grinsend): »Wenn du alles außer ›Fuck‹ streichst, bin ich dabei …«
Er: »Oh, was für Schmerzen hast du beim Laufen?«

heute: mein erster organismus

– Langenfeld.

Zwei Jungs (ca. 13) laufen hinter einer hübschen Blondine her.

#1: »Boah, die ist so geil, die muss ich nur angucken, dann krieg ich einen Organismus!«
#2: »Mann, bist du blöd, nur Frauen kriegen einen Organismus! Männer kriegen einen Samenerguss.«

verliebt in berlin … und verheiratet

– Berlin. Alexanderplatz.

Auf dem verregneten herbstlichen Alex. Ich streite mit meiner Frau um unseren einzigen Regenschirm. Neben uns knutscht ein junges Paar eng umschlungen. Sie lacht auf, als sie unsere kleine Kabbelei bemerkt.

Ich: »Gell, Sie sind nicht verheiratet, oder?«
Sie (schaut mich mit großen Augen an): »Emm … ich nicht, aber er!«

ehemann im endlos-abo

– Kassel. Willy-Brandt-Platz.

Ein älteres Ehepaar steht in der Bahnhofsbuchhandlung und möchte eine Tageszeitung kaufen.

Verkäufer: »Das ist die Tageszeitung von gestern!«
Frau: »Macht nichts! Mein Mann ist auch von gestern!«

dr. sommer erklärt weltreligionen

– Dieburg. In einer Schule.

Im Religionsunterricht. Zwei Mädels in der Gruppendiskussion.

#1: »Ich glaub ja nicht dran, dass Maria und Josef keinen Sex hatten. Wie soll sie denn sonst schwanger geworden sein?«
#2: »Na ja, die haben halt einfach beim Petting nicht richtig aufgepasst.«

frau oder tv?

– Koblenz. In einem Kaufhaus.

In der Dessousabteilung läuft ein junges Teeniepärchen umher. Sie sehr interessiert, er äußerst lustlos. Sie entdeckt ein sehr aufreizendes Spitzenoutfit, er schaut weiterhin total desinteressiert.

Sie: »Guck mal, ist das nicht schön?«
Er: »Hmmm.«
Sie: »Ich fragte dich, ob dir das hier auch gefällt? Das wäre doch was fürs Wochenende!«
Er: »Schon.«
Sie: »Aber?«
Er: » … aber meine Eltern sind doch am Wochenende zu Hause.«
Sie: »Dann gehen wir halt zu mir.«
Er (entsetzt): »Aber du hast doch gar kein PREMIERE!«

der unterschied zwischen online und offline

– Wien. In der Straßenbahnlinie 1.

Freitagabend. Ein junges Mädchen (ca. 20) telefoniert:

»Ey, wieso muss ich dich anbetteln, mich auf Facebook zu adden? Wir schlafen sogar miteinander!«

drogeriemarkt oder schwangerschaftsberatung – was darf's denn sein?

– Euskirchen. In einem Hotel.

Ein Gast ruft die Hotelrezeption an.

Gast: »Ich hab'n Problem. Ich hab mein Kondom vergessen.«
Empfangsmitarbeiter: »Aha. Brauchen Sie jetzt die Pille danach oder ein Kondom?«
Gast: »Was?«
Empfangsmitarbeiter: »Ich lege ihnen umgehend eins vor die Tür.«

es gibt immer einen dümmeren spruch

– Hannover. In der Fußgängerzone.

Mädchen: »Sag mal, findest du mich eigentlich hübsch?«
Junge: »Es gibt immer einen, der hässlicher ist als du!«

bewegung hält fit!

– Wuppertal. Bäckerei in der Morianstraße.

Eine flotte Siebzigerin betritt die Bäckerei.

Die Inhaberin begrüßt sie freundlich: »Gut sehen Sie aus, Frau XY, waren Sie im Urlaub?«
Darauf die Kundin: »Urlaub nicht, aber ich habe einen Geliebten!«

es ist ein langer weg zum telefonsex

– Düsseldorf.

Telefonat zwischen einem Kumpel und seiner optionalen Freundin.

Kumpel: »Was hast du an?«
Freundin: »Licht.«

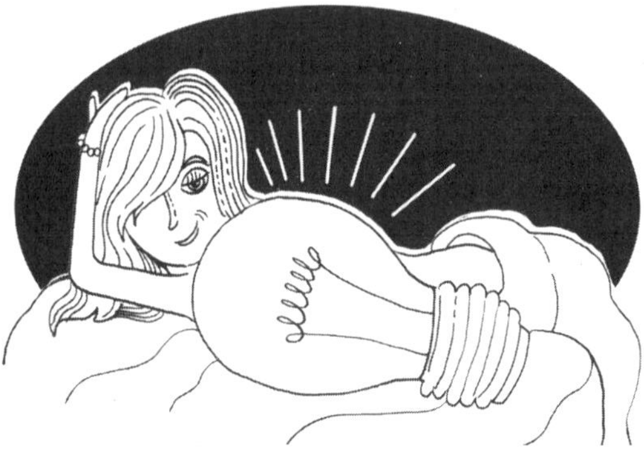

sag niemals nie

– Bremen. In der Straßenbahnlinie 1, zwischen Hauptbahnhof und Kurfürstenallee.

Ein richtig besoffener Mann (beim Döneressen) und eine recht angeheiterte Frau sitzen in der Bahn. Sie unterhalten sich über die Freundin des Mannes.

Sie: »Ich weiß gar nicht, was die hatte, als würde bei uns jemals was laufen. Dann macht die mich da voll an!«
Er: »Ich versteh das auch nicht. Ich hab ihr gesagt, dass du nur eine Freundin bist, aber die war voll auf Krawall.«
Sie: »Das ist doch nicht so schwer zu verstehen … es würde einfach NIEMALS etwas zwischen uns passieren.«
Er: »Ach ne. Ich kann dir auch echt nicht sagen, wie die darauf kommt … (Schweigen) … Aber wenn zwischen uns beiden etwas wäre, wäre das ja eh nicht so schlimm.«
Sie: »Ne, eigentlich nicht … Haste denn noch Lust mitzukommen?«
Er: »Joah schon. Hast du denn noch Kondome? Sonst müssen wir hier aussteigen und bei der Tanke welche holen.«
Sie: »Hab ich noch.«
Er: »Hast du auch noch Bier?«

musik verbindet. oder nicht.

– Leipzig. Im Club Ilses Erika.

Gespräch zwischen einem Pärchen Mitte 20.

Sie: » … hört sich irgendwie an wie Nick Drake, oder?«
Er: »Hmm. Schon irgendwie.«
Sie (begeistert): »Du kennst Nick Drake?«
Er: »Na klar.«
Sie: »Den Musiker?«
Er: »Ja, warum nicht?«
Sie: »Echt?«
Er: »Mann! Klar kenn ich … Nick Drake!«
Sie (skeptisch): »So? Wo kommt der denn her? Was für eine Art Musik macht er?«
Er (aggressiv): »Weißt du was? Das ist mir so was von scheißegal!«

marktlücke: bohrmaschinen zum anziehen

– Berlin. Im C&A in den Gropius-Passagen.

In der Kabine neben mir probiert ein Mann immer wieder Klamotten an, die ihm seine Freundin bringt. Irgendwann stöhnt er genervt:

»Warum muss ich mir denn immer Klamotten kaufen? Kann ich nicht was kaufen, was Strom verbraucht?«

jede wahrheit braucht einen mutigen, der sie ausspricht

– Emmhof (Niederlande). In einem Ferienpark von Center Parcs.

Ein deutsches Ehepaar (Mitte 60) sitzt im Schwimmbad. Die Frau liest die *Bild*-Zeitung.

Sie: »Du, hier steht: ›Sex im Alter wird besser!‹«

Er schaut sie von oben bis unten an und sagt trocken:

»Nein!«

missglückte anmache

– Münster. Im Kneipenviertel.

Samstagnacht. Zwei attraktive Frauen (ca. 22) gehen an der Schlange vor einem Geldautomaten vorbei.

Typ (betrunken): »Hey, geiler Arsch!«
Frau: »Halt die Fresse, Jan!«
Typ: »Hä? Häääääää? Woher kennst du mich?«
Frau: »Wir waren mal zwei Wochen zusammen!«

stier oder jungfrau wäre ihm lieber

– München. Beim Oktoberfest, am Bräurosl-Zelt.

Jedes Jahr am ersten Sonntag des Münchner Oktoberfests steigt im Bräurosl-Zelt eine der größten Schwulen-Feten der Stadt. Zwei Typen (ca. 30) stehen dort am Zelteingang und knutschen minutenlang heftig miteinander, ohne ein Wort zu wechseln. Plötzlich löst sich der eine abrupt vom anderen.

#1: »Äh, was bist'n du eigentlich für ein Sternzeichen?«
#2: »Waage, wieso?«
#1: »Komm, vergiss es!«

… geht los und lässt #2 verdutzt stehen.

elefant im porzellanladen

– Schauenburg. Im Bus.

Ein junges Pärchen unterhält sich, es geht um seine Exfreundin.

Er: »Du kannst dir ganz sicher sein, dass ich sie nicht mehr zurückwill und bei dir bleibe!«
Sie: »Warum soll ich mir da so sicher sein?«
Er: »Na ja, warum soll ich einen Goldbarren nehmen, wenn ich einen ganzen Elefanten aus Gold haben kann?«

ob diese(r) tour in frankreich ankommt?

– Dresden. Auf der Carolabrücke.

Zwei Mädels in der S-Bahn.

#1: »Buh! Was heißt Eiffelturm auf Französisch, mein Bruder will das übersetzen.«
#2: »Tour d'Eiffel glaub ich, was will dein Bruder denn sagen?«
#1: »Er will sagen: *(schaut auf ihr Handy)* ›Ich habe einen Eiffelturm in der Hose‹.«

besorgst du's mir, besorg ich's dir

– Hamburg. In einer Nobelboutique.

Ein Paar beim Shoppen. Sie ist mit zwei Oberteilen in die Umkleide gegangen, während er davor wartet. Sie probiert erst das eine, dann das andere Oberteil an. Nachdem sie noch einmal das erste anprobiert hat, kommt sie verzweifelt aus der Umkleidekabine heraus.

Sie: »Ach menno, ich kann mich einfach nicht entscheiden!«
Er: »Dann nimm doch beide.«
Sie: »Echt, du kaufst mir beide?«
Er: »Ja, Schatz.«

Sie ist freudig erregt, hüpft auf der Stelle, geht zu ihm, drückt ihm einen Kuss auf die Wange und haucht ihm entgegen:

»Danke, Schatz, das mach ich dir im Bett wieder gut!«

zebra mal anders

– Kempten im Allgäu. Im Parktheater.

Eine junge Frau steht in einem ziemlich knappen Kleid im Zebra-Look an der Bar. Ein Typ spricht sie grinsend an.

Er: »Du, wie ist denn das mit dem Verkehr am Zebrastreifen?«
Sie (trocken): »Absolutes Halteverbot – für dich sogar Stoppschild!«

da muss sie wohl überzeugungsarbeit leisten

– Tübingen. In einem Sportgeschäft.

Nachdem eine Kundin ein recht teures Outfit gefunden hat, fehlt ihr noch der letzte Impuls, sich dafür zu entscheiden.

Verkäuferin: »Dann überlegen Sie es sich doch noch mal in Ruhe, ich kann es gerne bis morgen für Sie zurückhängen.«
Kundin: »Sehr schön, dann kann ich noch eine Nacht mit meinem Mann drüber schlafen.«

zu gut, um straight zu sein

– Göttingen. In einem Café.

Einen Tisch weiter sitzen zwei junge Frauen, augenscheinlich Studentinnen.

#1: »und ich sag dir, der hat mir die ganze Zeit zugehört, das war voll … komisch.«
#2: »Wie lange denn?«
#1: »Mindestens zwei Stunden und nicht nur so alibimäßig, sondern ich glaub, ihn hat's echt interessiert.«
#2: »Ist er schwul?«
#1: »Ja, glaub. Hey, ich mein, er muss schwul sein. Schade, ich glaub, ich fand ihn nett.«

latein und bio ist keine gute fächerkombination

– Eichstätt. In einem Gymnasium.

Die 8c nimmt gerade Sexualkunde bei einer äußerst attraktiven Junglehrerin durch. Gesucht sind Verhütungsmittel.

Schüler: »Coitus interruptus – Abbruch.«
Lehrerin (trocken): »Das ist kein Verhütungsmittel, das ist 'ne Spaßbremse.«

bei humor hört der spaß auf

– Berlin. Sonnenallee.

Zwei Typen im Gespräch an der Haltestelle.

#1: »Endlich hast du die abgeschossen.«
#2: »War nicht leicht ... aber, Mann, hat die mich genervt. Ständig dieses ›Genau wie bei Mario Barth!‹-Getue. Nach dem Autounfall neulich meint die zu mir als Erstes: ›Das ist SO wie bei Mario Barth!‹ Diese Schrulla. Selbst beim Schlussmachen, Alter! Ich geh zu ihr und sag, wir müssen reden, und die meint: ›Jetzt kommt aber nicht die Mario-Barth-Nummer, oder?‹«
#1: »Na ja, Humor scheint sie ja doch zu haben ...«
#2: »Ne! Ich brauch echt was mit mehr Niveau. Von mir aus Helge Schneider oder Woody Allen oder so was ... aber nie mehr so 'ne unterbelichtete Mario-Barth-Schrulle!«

der feine unterschied zwischen mann und frau beträgt genau 0,42 Prozent

– München. In der U-Bahn am Sendlinger Tor.

Ein Typ mit langen Haaren, Bart, Mantel und Hornbrille unterhält sich mit einem Freund.

Typ: »Meine Freundin hat mich letztens beim Fremdgehen erwischt. Boah, hat die sich aufgeregt! Ich hab ihr dann erklärt, dass so etwas höchstens einmal im Monat vorkommt. Dann is' sie noch mehr ausgetickt. Ich hab ihr dann vorgerechnet, dass drei Stunden Fremdgehen alle 30 Tage bedeutet, dass ich zu über 99,58 Prozent treu bin. Mann, so sicher ist nicht mal die Stromversorgung in ganz Europa! Also zumindest jetzt im Winter. Menschen, die so treu sind, hätten eigentlich mehr Anerkennung verdient. Na ja, leider hat das alles nicht geholfen. Hat Schluss gemacht. Jetzt frag ich mich: Können Frauen nicht Prozentrechnung? Oder ist 99,58 Prozent nicht treu genug? Ey, was stellt die Alte sich eigentlich vor?«

Kumpel (im tiefsten Bayrisch): »Jo mei, die hat halt an Arsch offen.«

over and out

– Schrobenhausen. Im Edeka.

Samstagabend. Vor mir steht eine junge Frau (ca. 20) an der Kasse. Plötzlich klingelt das Telefon des Mädchens.

Mädchen: »Ja, hallo? Du, is' grad schlecht zum Reden. Ich bin grad beim Einkaufen, und dann fahr ich zu 'ner Freundin, und mir wär's eh am liebsten, wenn du mich nie wieder anrufen würdest.«

Und legt auf.

hasi bei den bunnies

– Berlin-Neukölln. In einer Videothek.

Ein Mann mit einem Kinderwagen betritt den Laden. Im Kinderwagen befinden sich neben einem Kind noch ein Haufen Tiefkühlpizzen, Bier und ein Radio, aus dem »YMCA« von den Village People dröhnt. Der Mann schiebt den Wagen durch die Videothek, bleibt vor dem Eingang zur Ü18-Abteilung stehen und brüllt lautstark:

»Hasi!? Bist du etwa in der Fick-Abteilung?«

Er schiebt den Kinderwagen samt Inhalt kurzerhand in besagte Abteilung. Keine Minute später hört man ihn rufen:

»Och nö, Hasi, nicht jetzt!«

er rennt wohl eher vor ihr weg

– Köln. In der S-Bahn.

Ein Paar um die 40 unterhält sich über den Urlaub im kommenden Jahr.

Sie: »Wo fahren wir denn nächstes Jahr hin?«
Er: »Ich dachte, wir fahren mal nach Ägypten.«
Sie: »Nee, was willste denn da? Also ich wäre eher wieder für den Schwarzwald, da ist es doch schön!«
Er: »Aber Klaus und Uschi fahren doch auch immer nach Ägypten, und die sagen, da sei es wunderbar.«
Sie: »Oh Mann! Du rennst aber auch immer nur der Herde hinterher … immer rennst du nur der Herde hinterher! Wenn Klaus und Uschi auf den Mond fliegen, muss ich dann auch dahin? Nein, also immer, immer rennst du der Herde hinterher, nix kannst du alleine machen … immer nur der Herde hinterher … *(sie schüttelt vehement den Kopf und fängt an zu kreischen)* IMMER RENNST DU DER HERDE HINTERHER … ICH WILL DIE SCHEIDUNG!«

50 prozent romantiker

– Trier. In einem Bus.

Mir gegenüber sitzen drei Jugendliche, die sich lauthals unterhalten. Als wir an einem Hochhaus vorbeifahren, schubst einer der drei seinen Kollegen an:

»Ey, Alda, da wohnt meine Freundin, ich vermiss die voll…«

(Pause)

»… aber die Schlampe is ja in Luxemburg!«

memory für erwachsene

– Münster. Promenade, Ecke Hüfferstraße.

An der Ampel. Zwei Radfahrerinnen (ca. 20) unterhalten sich.

#1: »Mochtest du ihn nicht? Du warst so komisch vorhin.«
#2: »Doch … aber … ich finde, du solltest dein Datingverhalten generell mal überdenken. Das lenkt doch vom Studium ab.«
#1: »Mich lenkt das nicht ab, ich kriege das gut nebenbei hin.«
#2: »Aber mich! Ich muss mir ständig neue Namen merken!«

diese probleme möchte mann haben

– Düsseldorf. In der Altstadt auf einem Parkplatz.

Ein Typ steigt aus dem Auto und gibt seiner hübschen Freundin einige Scheine.

Er: »Hier, kauf dir was Schönes davon.«
Sie: »Oh danke!«

(Pause)

Sie (stirnrunzelnd): »Hmm, seitdem ich keinen BH mehr trage, weiß ich gar nicht, wo ich das ganze Geld hintun soll.«

die masse macht's

– Münster. In einem Supermarkt.

Sehr lange Schlange an der Kasse und direkt neben dem Verkaufsstand an der Kasse ein Teeniepärchen (so um die 17). Beide diskutieren darüber, welche Kondome sie denn nun kaufen wollen.

Sie: »Ich will die in der bunten Dose. Die sieht so süß aus.«
Er: »Nein, die sind doch viel zu teuer.«
Sie: »Dann lass uns die mit Duftgeschmack nehmen.«

So geht das bestimmt fünf Minuten lang, und alle Leute in der Schlange sind schon total genervt, da die Unterhaltung auch nicht gerade leise ist. Irgendwann dreht sich der ältere Herr, der vor dem jungen Pärchen steht, um und greift zu deren Verwunderung demonstrativ die größte Packung. Das Pärchen schaut ein wenig verwirrt, sagt aber nichts.

Älterer Herr: »Wenn man verheiratet ist, zählt nicht, welche Verpackung am schönsten ist oder welche am besten riechen. Da zählt nur noch Masse.«

gib's mir, rüüüüü..., ach, vergiss es

– Berlin. Mehringhoftheater.

Zwei Mädchen unterhalten sich. Offensichtlich geht es um den neuen Freund von #1.

#2: »Was? Rüdiger? Das ist doch kein Name, den kann man ja gar nicht richtig stöhnen!«

meinte er vielleicht gebäudeversicherung, gebirgsverein oder generalversammlung?

– Recklinghausen. In einem Großraumbüro.

Eine Arbeitskollegin und ein Arbeitskollege, die beiden sind seit Kurzem zusammen, beschäftigen sich mit seinem Handy. Er tippt einen Text ein, den sie daraufhin liest.

Sie (für alle gut vernehmbar): »Was bedeutet denn ›GV‹?«

Er bedeutet ihr mit hochrotem Kopf und gestenreich, dass er ihr das nicht laut sagen möchte.

Sie (verständnislos): »Dann schreib's mir doch auf!«

Er schreibt es auf.

Sie (errötet ebenfalls): »Oh.«

Beide wenden sich peinlich berührt ab und arbeiten weiter.

flirtkatastrophen zu halloween – teil 1

– Bottrop. In der Disco Prisma.

Eine junge Frau kommt auf einen an der Bar rumstehenden Typ zu.

Sie: »Kannst du tanzen? Tanzen wir?«
Er: »Nee, ich bin eher so der Ficker.«

flirtkatastrophen zu halloween – teil 2

– Dresden.

Auf der Unity-Night, einer Technoparty, in der Karstadt-Tiefgarage. Ein auf Checker gestylter Typ fragt ein Mädchen (wegen der lauten Musik in ihr Ohr brüllend):

»Krisch deine Nummer, Baby, Alter?«

nur das jein-wort gegeben?

– Hannover. Hauptbahnhof, Gleis 4.

#1: »Ich bin mir jetzt nicht so ganz sicher, ob wir zusammen sind ...«

(kurze Pause)

»... jetzt, wo er die Sabine geheiratet hat.«

ein kindertraum wird endlich wahr

– Kassel. Im Bus 52 an der Haltestelle Brasselsberg.

Ein junger Mann steigt mit verpacktem Geschenk in den Bus.

Busfahrer: »Ach, das wäre doch nicht nötig gewesen!«
Fahrgast: »Ach, wissen Sie, jetzt fahre ich schon so lange schwarz, da ist ein Feuerwehrauto doch das Mindeste.«

DIE SCHLAGFERTIGSTEN SPRÜCHEKLOPFER – „DA IST EIN FEUERWEHRAUTO DOCH DAS MINDESTE."

Sie sind nicht nur die Gegensprecher der Nation, sondern auch die treuesten Mitstreiter, die man sich als Betreiber einer Lauschseite wünschen kann: jene Menschen, die mit Schlagfertigkeit und Sprachwitz gesegnet sind. Ohne sie hätte unser Lauschprojekt wohl nur halb so viele Geschichten aufzuweisen. Selbst aus den banalsten Situationen holen sie noch Belauschenswertes heraus. Ihre kreativen und markigen Entgegnungen, ihre coolen Konter und bitterbösen Pointen hinterlassen nämlich nicht nur bei ihren Gegenübern bleibenden Eindruck, sondern verschaffen sich auch im großen Sprachteppich des Alltags Gehör – im wahrsten Sinne des Wortes. Und so bekommen wir jeden Tag die Verbalprodukte unserer besonders sprachgewandten Mitbürger zugeschickt – und freuen uns, dass sich all dieses Talent so großzügig auf Deutschlands Straßen und Plätzen verstreut.

twitter killed the doppelkreuz

– Ravensburg. Im Bus.

Gegenüber ein Typ, der mit seinem Headset telefoniert. Offenbar will eine Hotline eine Anweisung oder Ähnliches durchgeben, denn der Typ macht sich bereit, diese in sein Handy einzutippen.
Auf einmal schaut er ganz verdutzt und unterbricht zwei ihm gegenübersitzende Jungs im Gespräch.

#1: »Hey, sagt mal: Was zum Teufel ist denn ›Raute‹?«
#2: »Na, Hashtag!«
#1: »Ach so – hätte der Penner ja auch gleich sagen können.«

er hat seine hausaufgaben gemacht

– Dinslaken. In einer Gesamtschule.

Auf dem Pausenhof hören drei Achtklässler laut Musik, was den Unterricht stört. Der Lehrer (35) öffnet das Fenster und ruft raus:

»MANN, JUNGS, JETZT CHILLT MAL EURE BASE!!!«

Er macht das Fenster wieder zu und wendet sich zu seinen Schülern.

Lehrer: »Hab ich auswendig gelernt, gut 'ne?«

mein porsche und ich

– Cochem. Uferstraße.

Ein Hotel in einem beschaulichen Dorf an der Mosel. Ein Ehepaar geht Richtung Rezeption, um nach einem Zimmer zu fragen. Von hinten drängelt sich ein junger Mann an ihnen vorbei, um zuerst an der Rezeption bedient zu werden. Das Paar schaut sich an, hat aber keine Lust auf Streit und sagt nichts.

Junger Mann zur Rezeptionistin: »Haben Sie noch ein Zimmer frei? Und viel wichtiger: Kann ich mein Fahrzeug hier bei Ihnen sicher abstellen? Das ist ja immerhin ein Porsche!«

Rezeptionistin: »Das ist gar kein Problem. Wir haben einen Hof, auf dem Sie den Porsche sicher parken können. Von Ihrem Zimmer aus haben Sie auch jederzeit Blickkontakt zu Ihrem Fahrzeug und können sich vergewissern, dass alles in Ordnung ist.«

Der junge Porschefahrer bekommt seinen Schlüssel und verschwindet Richtung Zimmer. Die Rezeptionistin wendet sich dem Ehepaar zu, grinst und sagt:

»So, und Sie hätten sicher gerne ein schönes, großes Zimmer mit Balkon und Blick auf die Mosel.«

frei nach: hotzenplotz und die sieben schackelines

– Mühlacker. Im Freibad.

Zwei Mädchen (ca. neun) toben am Beckenrand. Schließlich lassen sie sich ins Wasser fallen und überlegen, was sie als Nächstes spielen könnten. Da entgegnet die eine:

»Komm, wir spielen ›Räuber und Chantal‹! Kennst du ›Räuber und Chantal‹?«

bachelor of bauklötzchen?

– Berlin. In einem Jobcenter.

Ein Vater sitzt im Warteraum mit seinem Sohn und wartet auf seinen Termin.

Sohn: »Ich will auch arbeiten!«
Vater: »Mach erst mal deine Kita zu Ende, dann sehen wir weiter.«

diät oder doch lieber einen heckspoiler?

– Düren. Vor einem Supermarkt.

Am Ausgang stehen zwei junge Damen Anfang 20, eine etwas korpulent, die andere schlank. Es regnet und stürmt gerade stark.

#1: »Ich muss unbedingt abnehmen!«
#2: »Warum das denn?«
#1: »Dieser starke Wind macht mir einfach zu sehr zu schaffen! Ich muss mir endlich mal eine aerodynamischere Figur zulegen. Der Wind hat jetzt einfach zu viel Angriffsfläche!«

den zahn gezogen …

– Coswig.

Beim Zahnarzt. Ein Patient betritt die Praxis.

Zahnarzt: »Na, neue Brille?«
Patient: »Nee, nur lange nicht mehr da gewesen.«
Zahnarzt: »Aber abgenommen!«
Patient: »Das sagen Sie doch zu jedem, weil das einem ein gutes Gefühl gibt.«

Pause.

Zahnarzt: »Also: alte Brille und fett geworden?«

und beim dritten mal einen kostenlosen ölwechsel?

– München.

Um einen Termin zu vereinbaren, rufe ich bei meiner Gynäkologin an.

Die Sprechstundenhilfe berät mich sehr enthusiastisch.

Sprechstundenhilfe: »Am Mittwoch um 9:00 Uhr morgens, da haben wir noch was!«
Ich: »Und wie viel Zeit muss ich da einplanen?«
Sprechstundenhilfe: »Ach, da sind Sie dann gleich die Erste, das ist dann wie bei ATU – rein, rauf, runter, raus!«

schlecki im falschen film

– Koblenz. Im Kino Kinopolis.

Bevor unser Film losgeht, kommt der Eismann rein.

Eismann: »BRAUCHT JEMAND ETWAS EIS AUF DER REISE ZUM FEUERBERG?«

Alle im Kino schauen den Eismann fragend an.

Einer ruft: »Was macht ›Machete‹ denn am FEUERBERG?«
Eismann: »Oh, falsches Kino. Ich dachte, hier läuft der ›Hobbit‹. Da kommt der Spruch immer gut an.«

silent night of the living dead

– Dresden. Auf dem Weihnachtsmarkt.

Ein Mann betritt mit seinem Kumpel den Weihnachtsmarkt. Er kämpft sich durch die Massen und meint:

»Jede Zombieapokalypse ist entspannter als das hier!«

wir kämpfen um jede minute

– Darmstadt. Im Zug nach Weinheim.

Eine junge Mutter mit Kind auf dem Arm fragt den Schaffner: »Entschuldigung, hat der Zug Verspätung?«
Schaffner (freundlich): »Nein, aber wir arbeiten daran!«

noch weich hinter den zähnen

– Augsburg. Beim Zahnarzt.

Ein junger Checker, ca. zwölf Jahre, steht am Empfang und möchte einen Termin ausmachen. In diesem Moment kommt der Zahnarzt vorbei.

Checker (zum Zahnarzt): »Ey! Kannst du machen, dass ich wieder zu der süßen Schnecke von vorhin komm!!«
Zahnarzt (trocken): »So darf man meine Kolleginnen erst nennen, wenn man alle Milchzähne verloren hat.«

was du verlierst, ist, was du bist

– Wesel. In einem Real Markt.

Ein dickes Paar in Jogginganzügen, sie dazu mit hohen Pumps, schlurft durch die Gänge. Sie schiebt den Wagen, er läuft ein paar Meter hinter ihr.

Er: »Ey, Schatz, weisse watt du biss?«
Sie: »Nee, weiß ich nich! Was bin isch?«
Er: »Du biss dein Absatz am Verlieren!«

er findet sie zum schießen …

– Düsseldorf. Im Ikea.

Ein junges Paar schlendert durch die Gänge. Vor ihnen läuft eine Frau mit einem ausgeprägten Hinterteil.

Sie: »Schatz, wenn ich einmal so einen Hintern hab, erschieß mich bitte!«
Er: »Peng.«

hinten rechts, gleich bei den lebern und lungen

– Berlin. Alexanderplatz, in einer Filiale von Kaiser's.

Es läuft eine Aktion, bei der man Treueherzen sammeln kann. Vor mir steht ein älterer Herr, der gerade seine Einkäufe bezahlt.

Kassiererin: »Sammeln Sie Herzen?«

Der Mann gibt kurz einen verwunderten Blick von sich und antwortet dann:

»Nein, aber eine neue Niere könnte ich gebrauchen!«

arbeiten und arbeiten lassen

– Bonn.

Drei Punks mit Hund sitzen in der Fußgängerzone und schnorren. Ein Mädel (Anfang 20) kommt vorbei.

Punk: »Ey, haste mal was Kleingeld?«
Sie: »Nein, ich hab kein Geld.«
Punk: »Dann geh doch arbeiten!!!«

mit dem düsenjet zur geheimen klimaschutzmission

– Indonesien. Auf Java.

Ein Indonesier wird beim Verbrennen seines Berges von Plastikmüll von einem deutschen Touristen darauf hingewiesen, dass dies nicht gut für die Umwelt sei.

Der Indonesier antwortet laut lachend: »Don't worry! It's just clouds!«

die ärmsten der armen

– Freiburg. Am Hauptbahnhof.

Zwei junge Typen gehen an einem Obdachlosen vorbei.

Obdachloser: »Hey, habt ihr mal ein bisschen Kleingeld?«
Typ #1: »Nee, leider nicht.«
Obdachloser: »Seid ihr etwa Studenten?«
Typ #2: »Jo.«
Obdachloser: »Arme Schweine!«

deutschland sucht die superlocke

– Frankfurt am Main. Hauptbahnhof.

Wolkenkratzer-Festival. Ich nehme den letzten Zug in meine Richtung und steige in den vordersten Doppelstockwagen ein. Mir bleibt nur ein Sitzplatz im unteren Abteil, welches bereits von einem knappen Dutzend gut angetrunkener junger Männer besetzt ist, die mit reichlich »Äppelwoi« ausgiebig weiterfeiern. Kurz nach der Abfahrt macht der Schaffner die übliche Durchsage:

»Sehr geehrte Fahrgäste, willkommen an Bord des ...«

Ihm ist seine Lustlosigkeit und Müdigkeit sowohl anzuhören als auch anzusehen. Am liebsten hätte er sich wohl hinter seinen langen lockigen Haaren versteckt. Nach der Durchsage macht er sich auf seinen Weg in den nächsten Wagen und vergisst, die Schiebetür der Schaffnerkabine richtig zuzuziehen. Im gleichen Moment sehe ich bereits das hämische Grinsen zweier Betrunkener vor mir.
Wenige Augenblicke später – ein kurzes Knacken in den Zuglautsprechern.

Jungs (über Lautsprecher): »(leise) eins, zwo, drei ... (laut grölend) SCHAFFNER! DU HAST DIE HAARE SCHÖN, DU HAST DIE HAARE SCHÖN, DU HAST, DU HAST, DU HAST DIE HAARE SCHÖN!!!«

Unter tosendem Gelächter des gesamten Zuges stimmen die Jungs ihren Refrain noch zwei weitere Male an, bis der heranstürmende Schaffner mit hochrotem Kopf seine Kabine wieder zurückerobern kann.

einmal feindliche übernahme und ne pommes

– Hannover. Burger King im Hauptbahnhof.

Kunde: »Ich hätte gern einen Burger King.«
Verkäufer: »Das macht dann zwei Millionen Euro, bitte.«
Kunde: »???«
Verkäufer: »Oder möchten Sie einen Big King?«

haute cuisine in der kantin'

– Bottrop. Filmpark Movie World.

In der Mittagspause in unserer Mitarbeiterkantine. Zum Schnitzel stehen zwei Soßen zur Auswahl.

Ich: »Was für eine Soße ist denn die helle da?«
Koch: »Keine Ahnung, die war schon da, als ich kam.«

hals- und blechbruch

– Aachen. Universität.

Zwei Frauen verabschieden sich vor der Uni.

#1:»Tschüss, und komm gut aus der Parklücke.«

in der bank beschissen

– Schladen. In einer Sparkasse.

Eine Mutter ist mit ihrem Sohn (ca. zwei) in der örtlichen Sparkasse. Die Mutter nimmt das Geld entgegen.

Junge: »Uups!«
Mutter: »Hast du in die Hose gemacht?«
Junge: »Ja!«
Mutter: »Groß oder klein?«
Junge: »Nicht klein ...«
Mutter: »Können wir kurz die Toilette benutzen?«
Sparkassenmitarbeiter: »Ist das denn noch nötig?«

reden ist silber, schweigen ist sicher

– Berlin. In einer S-Bahn.

Eine Interviewerin von der Bahn geht im Waggon umher und erkundigt sich bei Leuten nach den Strecken, die sie befahren, etc. Als sie einen Mann fragt, ob sie eine kurze Umfrage machen kann, sagt der:

»Nee, nee, ick hab gestern bei 'ner Umfrage von meiner Telefongesellschaft mitjemacht, und heute is meine Leitung tot. Wenn ick jetzt bei Ihnen die Umfrage mitmache, is morgen meine Monatskarte weg.«

kontaminiert mit dummheit – vermeiden sie jeglichen hautkontakt!

– Dortmund. In einem Supermarkt.

In der Schlange an der Kasse.

Kunde #1: »Können Sie mir mal bitte die Bild-Zeitung rüberreichen?«
Kunde #2: »Nee, tut mir leid, die fass ich nicht an!«

ihr ganz persönliches schleudertrauma

– Dresden. In der Herrenabteilung bei Peek & Cloppenburg.

Ein Kunde mit Halskrause (Ende 20) lässt sich von einer molligen Verkäuferin beraten.

Verkäuferin: »Was haben Sie denn mit Ihrem Hals gemacht?«
Kunde: »Ach. Gokart fahren.«
Verkäuferin: »Gokart fahren? Sind Sie nicht etwas zu alt fürs Gokartfahren?«
Kunde (sehr trocken): »Sind Sie nicht etwas zu dick, um hier zu arbeiten?«

lauf, solange du kannst!

– Augsburg. In der Regionalbahn.

Ein extrem lautes Kind, dem die Mutter schon etliche Male gesagt hat, es solle sich hinsetzen, rennt grölend durch den Zug. Schließlich bleibt es bei einem Typ stehen, dessen gegenüberliegende Sitzbank nach oben und unten geklappt werden kann. Das Kind setzt an, die Bank nach unten zu klappen. Der Typ nimmt seinen Blick vom Fenster, schaut das Kind mit versteinerter Miene an und sagt:

»Geh zu deiner Mutter, wenn du leben willst!«

machtwort ab abort

– Rothenburg ob der Tauber.

In der öffentlichen Toilette im Untergeschoss eines sehr alten Gebäudes mit massiven Steinmauern. Ein Handy klingelt in einer Kabine neben mir.

Stimme: »Hallo? … Was? … Hallo?! … Ich versteh dich nicht! Das kommt hier total abgehackt! Mist!«
Stimme aus der Nebenkabine: »Dann tu was an deiner Verdauung!«

mission impossible in königsblau

– Düsseldorf.

Zwei Typen in BVB-Trikots laufen auf der einen Straßenseite, ein anderer Typ in Schalke-Dress rollt in seinem Rollstuhl (beide Beine amputiert) auf der gegenüberliegenden Straßenseite.

Rollstuhlfahrer (offensichtlich etwas angetrunken): »Scheiß-BVB, Scheiß-BVB!«
Dortmund-Fans (grölend): »Steh auf, wenn du Schalker bist, steh auf, wenn du Schalker bist!«

synapsen-akten

– München. In einem Büro.

Mitarbeiterin: »Die Telefonnummer hab ich nicht in meinen Unterlagen!«
Chef: »Wo haben Sie denn die Unterlagen?«
Mitarbeiterin: »Im Kopf.«

spielstand 0:2

– Dortmund. In einer Wohngemeinschaft.

Zwei Mitbewohner in ihrer Wohnung, aber in verschiedenen Räumen.

#1 (schreit): »Hey, was machst du?«
#2 (schreit zurück): »Fernsehen!«
#1: »Was kommt denn?«
#2: »Deutschland gegen Russland!«
#1: »Welche Sportart?«
#2: »Krieg!«

skandal um rosie

– Hamburg. In einem Zug.

Vier äußerst betrunkene junge Männer steigen samt Bier am Hamburger Hauptbahnhof ein. Sie hatten offenbar ein sehr berauschendes Erlebnis mit einer gewissen Rosie. Lautstark unterhalten sie das gesamte Abteil und erzählen ausschweifend von der wunderbaren Rosie. Jede vorbeigehende Frau wird mit ihr verglichen und anschließend beschimpft. Das ganze Abteil ist bereits kurz vorm Nervenzusammenbruch, als dieser Dialog zwischen einem nüchternen Fahrgast und den Betrunkenen entsteht.

Betrunkener #1 (lallend): »Und, woher kommen Sie?«
Fahrgast: »Aus Hamburg.«

Der Fahrgast redet ganz ernst mit den Betrunkenen. Man merkt aber, dass er sie kein bisschen für voll nimmt.

Betrunkener #2 (begeistert): »Na, dann kennense doch auch die Reeperbahn?«
Fahrgast: »Na klar!«
Betrunkener #3: »Dann kennense doch bestimmt auch die Rosie!«
Fahrgast: »So eine große Blonde?« (Die Betrunkenen hatten Rosie vorher im Detail beschrieben.)

Die angetrunkenen Rosie-Fans sind nun völlig aus dem Häuschen, können diese Schicksalsfügung offenbar nicht verstehen.

Betrunkener #1 (grölend): »Er kennt sie auch, er kennt sie auch, das gibt's nicht!!!«
Betrunkener #3 (voller Begeisterung): »Die Rosie, die weiß, was Männer wollen, ne?«
Fahrgast (völlig ernst): »Selbstverständlich, sie war ja früher selbst mal einer.«
Betrunkener #1 (völlig humorresistent): »Nee, oder?«

Die vier sehen nun stark geschockt aus und verhalten sich für den Rest der Fahrt auffällig still, das Thema Rosie meidend.

haare an den füßen?

– Miltenberg. Im Kino.

Vor mir steht ein Pärchen an der Kinokasse.

Er: »Zwei Kinokarten, bitte!«
Kartenverkäufer: »Für den Hobbit?«
Er: »Eigentlich ist das meine Freundin.«

stop that train, i'm leaving …

– Hannover. Hauptbahnhof.

Ich stehe am Bahngleis und warte. In meiner Nähe steht ein Bahnangestellter, der den ausfahrbereiten ICE beobachtet. Gerade als der ICE die Türen schließt und der Zug anfährt, kommt ein gut gekleideter Herr angehetzt. Er ruft dem Bahnangestellten zu, er müsse den Zug unbedingt bekommen und er solle diesen anhalten.

Bahnangestellter (trocken und leise): »Stopp, Stopp.«
Dann zum Herrn: »Ich hab's versucht, es hat nicht geklappt.«

teilzeit-handicap

– Gundelfingen. Aldi-Parkplatz in der Industriestraße.

Ein Mittelklassewagen braust heran und stellt sich zielgenau auf den Behindertenparkplatz in bequemer Reichweite zum Eingang. Eine jüngere Frau steigt aus und trippelt auf Stöckelschuhen Richtung Eingang.

Kunde: »Sie, das ist ein Behindertenparkplatz, auf den Sie sich da gestellt haben!«
Frau (schnippisch): »Was geht SIE das denn an? Und außerdem … bin ich behindert.«
Kunde: »Ja, die meinen aber KÖRPER-behindert!«

diese stimmung in den keller getrieben

– Unna. In einer Buchhandlung.

Ein älterer Herr fragt eine Verkäuferin: »Wo haben Sie denn Lexika?«
Verkäuferin: »Die bekommen Sie unten im Keller.«
Älterer Herr (nickt): »Aha, DA sitzen hier die klugen Leute.«
Verkäuferin: »Ja, und DA wird auch gelacht.«

verkäufer war schon immer sein traumberuf

– München. In einem großen Kaufhaus.

Ein Kunde fragt einen Verkäufer nach einem bestimmten Artikel.

Verkäufer: »Was immer Sie suchen, wir haben es nicht!«

geiz ist geil

– Düsseldorf. In einem Saturn-Markt.

Eine Kundin in der Abteilung für Unterhaltungselektronik versucht zu handeln und sucht dazu einen Verkäufer auf.

Kundin: »Lässt sich da preislich noch etwas machen?«
Verkäufer: »Nach oben hin schon.«

wahrheit oder wodka?!

– Wehldorf. Meyers Tanzpalast.

Zwei Mädchen stehen vor dem Spiegel auf der Damentoilette und betrachten sich kritisch im Spiegel.

#*1:* »Boah! Seh ich scheiße aus!«
#*2:* »Stimmt doch gar nicht!«
#*1:* »Doch!«
#*2:* »Du willst doch nur hören, dass du gut aussiehst!«

Es entsteht eine Pause, in der die zwei sich einfach nur anschauen.

#1: »Ach egal, gehn wir noch einen saufen!«

gepfefferter konter

– Berlin-Spandau. Auf dem Weihnachtsmarkt.

An einer Wurstbude stehen Schilder, die Verschiedenes anpreisen. Unter anderem auch ›Bratwurst 2,– lecker!‹ und ›Thüringer 2,50 riesig!‹.

Kunde: »Bei der Thüringer steht ja nur ›riesig‹, gibt's die auch in ›lecker‹?«
Wurstmann: »Nee, die gibt's nur in ›würzig‹.«

wer braucht heut noch akademiker?!

– Berlin. Bahnhof Alexanderplatz.

Eine Frau verteilt Broschüren eines deutschen Industrieunternehmens, die sie scheinbar unbedingt so schnell wie möglich loswerden will. Daher ist sie sehr penetrant. An ihr geht ein junger Mann vorbei.

Frau: »Hey, das ist was für dich.«
Junger Mann: »Nein danke.«
Frau: »Aber da kannst du eine Ausbildung machen.«
Junger Mann: »Kein Interesse.«
Frau (wedelt mit den Industriebroschüren): »Doch, das ist super, das ist deine Zukunft.«
Junger Mann (geht weiter): »Tut mir leid, ich bin Student, ich hab schon eine Zukunft.«

Die Frau schreit ihm verzweifelt und beleidigt hinterher: »NEIN, DU HAST KEINE ZUKUNFT!«

wuffi und der wunde punkt

– Jülich. Bei einem Tierarzt.

Ich sitze im Wartezimmer und warte, dass ich drankomme. Die stark übergewichtige Tierarzthelferin kommt ins Zimmer und ruft einen Mann auf. Auf dem Weg ins Behandlungszimmer kommt es zu folgendem Dialog.

Helferin: »Ihr Hund neigt aber zu starkem Übergewicht!«
Mann: »Ist es unverschämt, wenn ich sage, Sie auch?«

den hat sie schon 101-mal gehört

– Hannover. Im Real Markt.

An der Kasse. Vor mir eine junge Frau in Eile.

Verkäuferin: »Sammeln Sie Punkte?«
Junge Frau (leicht genervt):
»Seh ich aus wie ein Dalmatiner?«

integration einmal umgekehrt

– Mannheim.

Ich warte neben einem Erdbeerstand auf eine Freundin, die dort verkauft. Hier arbeiten oft Polen als Erdbeerpflücker, auch sie ist Polin. Ein älterer Herr kommt vorbei.

Älterer Herr (in breitestem Mannheimer Dialekt): »Können Sie schon Deutsch sprechen?«
Sie (in reinstem Hochdeutsch): »Ja. Soll ich es Ihnen beibringen?«

… wieso haben Sie das nicht gleich gesagt!

– Wadgassen. In einer Arztpraxis.

Arzthelferin: »Frau Kranzfelder, dann bräuchte ich noch Ihre Versichertenkarte.«
Ältere Patientin: »Ich wääß jetzt ned, was Sie menne?«
Arzthelferin (hilfreich): »Die Karte, die Sie von Ihrer Krankenkasse bekommen haben.«
Ältere Patientin (ratlos): »Nää, so ebbes hann ich ned.«
Arzthelferin (mit Geistesblitz): »Ich brauch Ihr Kärtsche.«
Ältere Patientin (glücklich): »Ach, es Kärtsche wolle se hann. Das hann ich dabei.«

bayrisch breakfast

– München. In der Straßenbahn.

Ältere Dame #1: »Heute ist es ja so heiß! Zum Frühstück hab ich nur eine Marmeladensemmel gegessen und ein Bier getrunken!«
Ältere Dame #2 (empört): »Das können Sie doch nicht machen! Zum Bier schmeckt doch keine Marmelade!«

ein döner ohne grammatik

– Bremen. An einer Dönerbude.

Kunde: »Einen Döner, bitte.«
Verkäufer: »Mit alles?«
Kunde: »Nein, mit ALLEM.«
Verkäufer: »Ah! Mit Lamm?!«
Kunde: »Nein! Mit Rind!«
Verkäufer: »Häh, was los?«

eine hesse in bayern

– München. In der U-Bahn.

Ein junger Typ (ca. 25) steht neben dem Eingang. Ein Bayer in Lederhosen und Gamsbarthut steigt ein.

Bayer: »*...*« *(sagt irgendwas Unverständliches)*
Junger Typ: »Sorry?«
Bayer: »Can-You-Tell-Me-Where-We-Are-Going?«
Junger Typ: »Hey, Sie können ruhig Deutsch mit mir reden, ich komme nur aus Hessen!«

zusammen, was zusammengehört?

– Nürnberg. In einem Büro.

Im Herbst 2007. Zwei Sekretärinnen unterhalten sich.

#1: »Am Freitag wird der Mauerfall ja 18, also volljährig!«
#2: »Na, den hätten sie besser mal abgetrieben!«

das macht dann wohl fünf euro ehrlichkeitszuschlag

– Hannover. Hauptbahnhof.

Eine Gruppe Jugendlicher an der DB-Info.

Bahnmitarbeiter: »Kann ich euch helfen?«
Jugendlicher: »Ja. Wir möchten nach Leverkusen. Möglichst schnell und möglichst billig!«
Bahnmitarbeiter: »So was gibt's nicht bei der Bahn.«

Und geht weg.

kein entrinnen vor prinz poldi

– München. Im Olympiazentrum.

Während der WM 2006. Auf einer Wiese sonnen sich verschiedene Grüppchen. Ein kleiner Junge läuft suchend über die Wiese. Als er nach einiger Zeit nicht findet, was er sucht, ruft er verzweifelt:

»LUUUUU-KAS?«

Darauf tönt es von einer der Picknickdecken:

»PO-DOL-SKI!«

er war noch nie ein verwandlungskünstler

– Radolfzell. Auf einem Sportplatz.

Bei einem Leichtathletik-Wettbewerb. Einer unserer Athleten kommt wütend vom Speerwurf zurück und macht das auch ziemlich deutlich. Wir versuchen, ihn zu motivieren:

»Wandel doch deine Wut in Motivation um!«

Er: »Wie soll ich denn bitte Wut in Motivation umwandeln? Ich kann ja noch nicht mal .wma in .mp3 umwandeln!«

das ist ihr so rausgerutscht

– Saarbrücken. Im Karstadt an Silvester.

Pärchen bezahlt Gleitmittel. Die Verkäuferin gibt ihnen das Rückgeld mit den Worten:

»Guten Rutsch!«

fett zu sein bedarf es wenig

– Essen. In der Straßenbahn 105 zwischen Altendorf und Borbeck.

Zwei ca. 14-jährige Mädchen unterhalten sich.

#1: » … booah, voll krass!«
#2 (in ernsthaftem Ton und mit erhobenem Zeigefinger): »Voll krass is jetzt voll out. Voll fett ist jetzt voll in!«

wirf die krücke weg, baby!

– St. Gallen. Beim Open Air St. Gallen.

Ein Pärchen auf dem Weg zum Zelt. Ein besoffener Typ vom Zelt aus zu der Blondine:

»Ehhh, du hast'n Gehfehler!«

Blondine (verwirrt): »Was hab ich?«
Typ: »Du hast'n Gehfehler, du gehst mit dem Falschen!«

mach's mir einmal ohne

– Wien. An einer Würstelbude.

Mädel: »Bitte ein Mineralwasser ohne.«
Wurstmann: »Ja, ohne ist's am schönsten.«

harry potters ladestand

– Graz. In einem Kindergarten.

Junge: »Ich bin der größte Zauberer der Welt! Ich kann alles verzaubern!«
Erzieherin: »Ich wäre gern eine wunderschöne Prinzessin. Kriegst du das hin?«

Der Junge mustert erst die Erzieherin ausgiebig von oben bis unten und starrt dann sein Stöckchen an.

Junge: »Nein, das geht nicht. Dann ist die Batterie leer.«

lieferung im blitzversand

– Wuppertal. Klotzbahn.

Ein Kunde kommt mit einem Bilderrahmen in der Hand an die Kasse eines Fotogeschäfts.

Kunde: »Gibt es den hier auch im Querformat?«

Der Verkäufer nimmt dem Kunden den Rahmen aus der Hand, dreht ihn um neunzig Grad und sagt:

»Gerade reingekommen.«

schwester renate zu kasse fünf bitte

– Düsseldorf. Uniklinik, Blutspendezentrum.

Die Schwester will einem Spender gerade die Nadel in den Arm stechen.

Spender: »Wie üben Sie eigentlich, die Ader richtig zu treffen?«
Schwester: »Gar nicht, ich bin nicht von hier. Eigentlich arbeite ich bei Lidl.«

letzte chance des abends

– Berlin. Ostbahnhof.

Nachts am Taxistand.

Taxifahrer: »Wo soll es denn hingehen?«
Fahrgast: »Nach Hause?«
Taxifahrer: »Okay, zu Ihnen oder zu mir?«

bevor der shoppinghorror von vorn losgeht

– Wien. Im H&M, Mariahilferstraße.

Ich stehe auf der Rolltreppe, hinter mir ein junges Paar (beide ca. 17).

Sie: »Je länger ich das Teil in der Hand halte, umso weniger gefällt es mir.«
Er: »Soll ich's halten?«

barth – deutsch, deutsch – barth

– Mannheim. In der SAP Arena.

Zwei Mädchen stehen bei einem Mario-Barth-Event am T-Shirt-Stand.

Mädchen: »Wie fallen die T-Shirts größenmäßig aus?«
Verkäufer: »Kleine Hupen: S, große Hupen: L.«

keiner will ein montagskind

– Voerde.

Vor der abgeschlossenen Tür des Kindergartens stehen wie immer die Eltern Schlange und warten darauf, ihre Kleinen abholen zu können. Als pünktlich um 12.15 Uhr aufgeschlossen wird, drängen alle Eltern auf einmal zur Tür. Ein junges Paar steht abseits. Während sie sich ebenfalls auf den Weg macht, ruft er unüberhörbar:

»Los, Miri, bevor die guten Kinder alle weg sind!«

schlechte manieren für fortgeschrittene

– Nürnberg. In einem Büro.

Die neue Auszubildende telefoniert mit einem nervigen Außendienstmitarbeiter. Dieser redet zehn Minuten ununterbrochen auf sie ein, wobei sie krampfhaft versucht, ihn so höflich wie möglich abzuwimmeln. Der Chef hört das Ganze mit.

Chef: »Zu dem kannst ruhig ein bisschen unhöflich sein, wenn er dich nervt.«
Auszubildende: »Unhöflichsein liegt mir nicht. Das liegt nicht in meiner Natur.«
Chef: »Ach, das lernst du schon noch. Arroganz kommt im zweiten Lehrjahr dran!«

mayday! sprache totally am end

– Flughafen Köln-Bonn.

Die letzten Reisenden besteigen gerade das Flugzeug. Eine Stewardess erkundigt sich bei ihrer Kollegin:

»Sin wir jetz ready für die Tür zuzumachen?«

gnadenschuss statt schokogenuss

– Stralsund. Im Supermarkt am Bahnhof.

In der Schlange an der Supermarktkasse. Ein Kleinkind quengelt lautstark und kämpft mit der zunehmend lauter werdenden Mutter um den Erwerb eines Impulsartikels. Alle sind genervt und gestresst, es ist heiß, der Zug fährt gleich. Das Kind lässt nicht locker, brüllt und schlägt um sich. Eine Frau in der Schlange dreht sich zur überforderten, mit hochrotem Kopf dastehenden Mutter um und sagt in mitfühlendem Ton:

»Hauen Sie's tot! Es quält sich doch nur noch.«

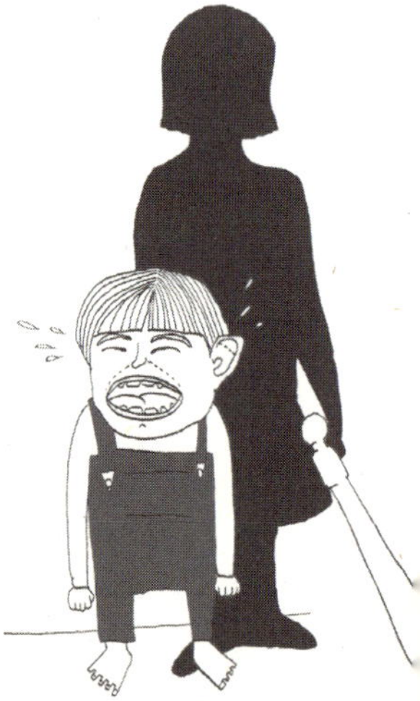

tom tengelmann & the heartbreakers

– Köln. Zülpicher Straße.

Im Supermarkt. Die Kassiererin hat alle Waren einer Kundin eingescannt. Die Kundin (ca. 21) bezahlt.

Kassiererin: »Sammeln Sie Herzen?«
Kundin (trocken): »Nur gebrochene.«

wunschkonzert für schwiegermama

– Radio SWR3. Wunschtitelsendung.

Hörer: »Ich wünsche mir für meine Schwiegermutter, die zurzeit im Krankenhaus liegt, den Titel von Ich&Ich ›So soll es sein, so kann es bleiben‹.«

den wind aus den segeln genommen

– Düsseldorf. Messegelände.

Auf einer Bootsmesse. Zwei Männer unterhalten sich.

#1: »Diese Segelyacht is' schon ein Hammer!«
#2: »Segeln? Das ist die beschissenste Art, um an einen Ort zu kommen, an den man nie wollte!«

neulich bei rammlers im garten

– Leverkusen.

Vater und Sohn im Nachbarsgarten spielen Tischtennis. Nach einem Punkt für den Vater kommt es zu folgendem Dialog:

Sohn (wütend über Punktverlust): »Ey, ich fick deine Mudda!«
Vater (grinsend): »Glaub ich weniger!«

… *dann (breit grinsend):* »Aber ich fick deine!«

ein menü nummer 5 mit cola und kittel

– Krefeld. In einem Subway-Restaurant.

Ein Kunde im Anzug mit weißem Hemd bestellt.

Kunde: »Ich hätte gern das Sub des Tages, ein Meatball mit Tomatensoße.«
Verkäufer: »Haben Sie ein Hemd zum Wechseln dabei, oder nehmen Sie das Sandwich mit?«

dann besser entfetten, schneiden, föhnen?

– Innsbruck.

An einem Donnerstag beim Friseur.

Friseurin (zu einem älteren Kunden): »Waschen, schneiden, föhnen?«
Kunde: »Nee, waschen ist nicht nötig. Ich geh jeden Freitag ins Hallenbad.«

braune vergangenheit, grüne zukunft?

– Mannheim. Bei einem Optiker.

Ein älterer Herr steht an der Kasse. Der Optiker gibt ihm ein grünes Brillenetui.

Optiker: »Wir haben auch andere Farben. Wollen Sie lieber ein braunes?«
Älterer Herr: »Meine Jugend war braun genug!«

juhu, mein tag ist negativ

– Koblenz. In einem Schlecker.

Ein Mädchen (ca. 20) kauft einen Schwangerschaftstest.
Kassiererin: »Schönen Tag noch!«
Mädchen: »Ja … hoffentlich.«

der edle tropfen und der arme schlucker

– Köln-Mülheim. Kaufland.

Drei junge Typen stehen vor dem Whiskeyregal. Sie überlegen, welchen sie nehmen sollen, und entscheiden sich schließlich für eine der teureren Sorten. Neben ihnen steht ein Mann und raunzt sie an.

Mann: »Da müsste ich drei Tage für arbeiten!«
Junger Typ: »Was arbeiteste denn?«
Mann: »Ja nix natürlich!«

besser filialleiter als rechenkönig

– Marl. In einer Plus-Filiale.

Ein kleiner Junge, der mit seiner Mutter vor mir in der Schlange steht, liest die Preise aller gerade gescannten Artikel von der Kasse ab und versucht, jeweils einen Gesamtbetrag zusammenzurechnen.

Kassiererin (scherzhaft): »Na, jetzt nimm mir hier nicht meinen Job weg!«

Der Junge grinst verschämt, und die Mutter erwidert:

»Nee! Der soll lieber in der Schule bleiben und was Richtiges lernen!«

die wissen, wie der hase läuft

– Zwischen Hamburg und Bremen. Im Intercity.

Eine Frau (Ende 20) sitzt mit ihren zwei Töchtern (ca. vier und sechs) im Großraumabteil des IC. Die Kinder malen am Tisch und unterhalten sich mit ihrer Mutter.

Mutter: »Auf was freut ihr euch denn am meisten bei Oma und Opa?«
Jüngere Tochter: »Auf die Kois!«
Mutter: »Also ich freu mich auf zwei Tage Feiern ohne Kinder.«
Ältere Tochter: »Meinst du Feiern im Sinne von Saufen?«

no country for old stasi-agenten

– Dresden. In einem Media Markt.

Ein Kunde kommt aufgeregt und schnellen Schrittes zu einem Mitarbeiter.

Kunde: »Hallo, hallo, da hinten klaut gerade ein Jugendlicher ein PC-Spiel ab 18!«
Mitarbeiter: »Nicht meine Abteilung.«

vielleicht einen kinderföhn für die badewanne?

– Freiburg im Breisgau. Augustinerplatz.

Im Spielzeugladen Holzpferd. Kundengespräch zwischen Kundin und Verkäufer.

Kundin: »Ich brauche etwas für einen sechs Jahre alten Jungen: so ein richtiger Kotzbrocken. Sohn eines Zahnarztes, freut sich über nichts, hat alles, konsumiert nur wie ein Blöder. Und ausgerechnet so einer ist auch noch in der Verwandtschaft!«
Verkäufer: »Puh, das wird schwer …«

von der waschstraße ist er anderes gewöhnt

– Köln. In einem Kindergarten.

Vater (zu Erzieherin): »Warum ist mein Kind eigentlich immer so dreckig? Ich geb das sauber ab und bekomm es dreckig wieder!«

cheeseburger, 'ne große pommes und die bittere wahrheit

– Schweinfurt. McDonald's in der Niederwerrnerstraße.

Kundin (zu Angestelltem): »Sie sind ganz schön lahm. Ist das Ihr erster Tag, oder was?«
Angestellter: »Ja schon, tut mir leid.«
Kundin: »Kein Problem, Sie lernen das auch noch. Ich kenn das, ich hab vier Jungs, die arbeiten auch alle bei so Fast-Food-Läden.«
Angestellter: »Na, das ist doch schön.«
Kundin: »Nein, ist es nicht. Das ist traurig!«

wenn es knallt, hat es vorher gut geknallt

– Magdeburg. Beim Spirit From The Street Festival.

Die Gäste werden zur Sicherheitskontrolle durch Einlassschleusen geleitet. Am Tag davor hat es stark geregnet, sodass die Schleuse mit einem Pavillon überdacht worden ist. Das eine Standbein des Pavillons steht genau in der Mitte einer Schleuse, sodass die Gäste sich drum herum winden müssen.

Männlicher, stark alkoholisierter und verschmutzter Gast: »Ey, wat soll denn die dämliche Stange hier?«
Weibliche Security (bitterernst): »Das ist unser Alkoholtestgerät. Wer dagegenknallt, hat genug getrunken.«

zu viel risiko gespielt?

– Lengerich. In einem Drogeriemarkt.

Es ist nur eine einzige Kasse geöffnet. An dieser hat sich eine sehr lange Schlange gebildet.

Kassiererin (über Lautsprecher): »Bitte besetzen Sie Kasse 3!«
Junger Mann aus der Schlange: »Auf, auf, meine Brüder und Schwestern! Bewaffnet euch mit Schwert und Forke, wir besetzen Kasse 3!«

praktikant mit dem sechsten sinn

– Gütersloh. In einem Krankenhaus.

Ein junger Krankenpflegepraktikant betritt gemeinsam mit einer Pflegekraft am frühen Morgen das Krankenzimmer. Er soll den Puls des Patienten messen.

Praktikant: »So, dann wollen wir mal schauen, was der Puls sagt.«
Patient: »Ja, gucken Se mal zu, ob sen finden.«
Praktikant (nach zwei Minuten erfolgloser Suche): »Es tut mir leid, aber Sie sind tot.«

facebook 2.0?!?

– Reutlingen. Wilhelmstraße.

In einem Kleidungsgeschäft stehen zwei junge Frauen vor mir an der Kasse. Die Verkäuferin ist am Kassieren und meint zu einer der jungen Frauen:

»Oh ich sehe gerade, Sie bekommen 10 Euro Rabatt auf diese Jacken!«

Darauf die junge Frau: »Wirklich? Boah, echt, wenn du 'nen Facebook-Button hättest, würde ich auf ›Gefällt mir‹ klicken!«

sächseln kann tödlich sein?

– Freiburg im Breisgau. Hauptbahnhof, Gleis 2.

Ein Typ steht außerhalb des Raucherbereichs und qualmt. Eine ältere Dame kommt vorbei und mokiert sich entrüstet:

»Hier wird nüscht geroocht!!!«

Der Typ (wie aus der Pistole geschossen):

»Hier wird auch nicht gesächselt.«

vom argument überrollt

– Oldenburg. Famila-Center Wechloy.

Auf dem Parkdeck steht ein Mann und beobachtet, wie eine Frau auf einem Behindertenparkplatz neben ihm einparkt. Es ist kein Behindertenausweis am Auto zu sehen. Die Frau steigt aus und läuft an ihm vorbei.

Mann: »Haben Sie nicht was vergessen?«
Frau (irritiert): »Häh?«
Mann: »Ihren Rollstuhl?!«

die uhr stand seit zehn jahren still

– Lübeck. In der Uhrenabteilung bei Karstadt in der Vorweihnachtszeit.

Kunde: »Ich möchte eine neue Batterie in meine Uhr, schauen Sie mal, die hier!«
Verkäufer: »Das kostet 9 Euro.«
Kunde: »Was? 9 Euro? Das sind 18 Mark!«
Verkäufer: » … oder 3 Taler.«

das ging in die hose

– Eschringen.

Auf einer Party im Sportheim unterhalten sich zwei Jugendliche.

#1 (angeberisch): »Also, ich rauche ja immer nach dem Sex.«
#2 (trocken): »Ah, du bist also Nichtraucher.«

die komödie der selbsteinschätzung

– Lüneburg. In der Schule.

Im Politikkurs 12. Klasse werden die mündlichen Noten vergeben.

Lehrer: »Also, wir machen es so: Ich gehe jetzt vor die Tür, dann kommen Sie der Reihe nach einzeln zu mir raus, sagen mir Ihre Einschätzung, dann lachen wir gemeinsam ein bisschen, und ich sage Ihnen Ihre richtige Note.«

charme ist die beste einparkhilfe

– Koblenz. Parkplatz Sparkasse.

Eine Frau parkt in offensichtlicher Eile auf dem Sparkassenparkplatz kurz vor Geschäftsschluss und steht etwas unelegant auf zwei Parkplätzen.

Ein vorübergehender Passant spricht sie an:

»Entschuldigung, Sie stehen auf zwei Parkplätzen.«

Darauf die Fahrerin lächelnd:

»Ja, Entschuldigung angenommen!«

smart-ass mit smartphone

– Köln-Deutz. Straßenbahnlinie 4.

Gegenüber sitzt ein Herr mittleren Alters und liest in seiner Zeitung. Ein junger Mann steigt zu, setzt sich neben mich und beginnt, mit seinem Smartphone irgendein Spiel zu spielen.

Der Herr (laut in die Runde): »Mit was die Jugend heute ihre Zeit vergeudet …!«
Der junge Mann: »Sagte er und blätterte weiter in seiner *Bild*-Zeitung!«

meet the parent

– München-Untermenzing. In einem Supermarkt.

An der Kasse. Ein hübsches junges Mädel (ca. 20) bezahlt, der Kassierer ist, seinen Blicken nach zu urteilen, sehr von ihr angetan. Nach dem Bezahlen wirft er ihr noch einen vielsagenden Blick hinterher. Das Mädel geht raus und wartet dort auf jemanden. Der Mann, der hinter dem Mädel angestanden hat (ca. 40), spricht den Kassierer an.

Kunde: »Schaut Hammer aus, oder?«
Kassierer: »Jo, nicht von schlechten Eltern die Kleine!«
Kunde: »Ich weiß, ich bin ihr Vater.«

was er nicht weiß, macht ihn nicht heiß

– Berlin. Vor der Currywurstbude Krasselt's.

Hinter uns in der Schlange unterhalten sich drei junge türkischstämmige Männer.

#1: »Ist Currywurst nicht aus Schweinefleisch?«
#2: »Bleiben wir unter Markise – Allah sieht nicht!«

war die deepwater horizon eine grillparty?

– Frankfurt am Main. Schwanheim.

An einer Esso-Tankstelle. Kunde an der Kasse.

Kunde: »Haben Sie flüssigen Grillanzünder?«
Tankwart: »Jupp, circa 36.000 Liter.«

die bayerische kernkompetenz

– Eching. In einem Rewe-Supermarkt.

Wir kaufen für ein großes Essen mit Freunden ein. Und zum Schweinebraten gehören natürlich auch Knödel. Ich greife nach der erstbesten Schachtel. Meine Freundin im Brustton der Überzeugung:

»Schatz, nimm doch die von Pfanni! Die haben die deutlich größere Knödelkompetenz!«

wie wird man mit dieser mutter erwachsen?

– Seeheim. In einem Supermarkt.

Eine Frau und ihre Tochter (ca. 15) kaufen ein.

Mädchen (sarkastisch): »Hey, guck mal, Mama, ein Hello-Kitty-Schlafanzug! Ob ich in Größe 128 passe?«
Mutter: »Jetzt werde doch mal erwachsen!«
Mädchen: »Ach, und wie verhält man sich bitte erwachsen?«
Mutter: »Erwachsen bist du, wenn du anfängst, dir deine Hello-Kitty-Schlafanzüge in der richtigen Größe zu suchen!«

punk ist tot

– Gifhorn. An einer Fußgängerampel.

Sommer, Sonntagabend, keine Autos weit und breit in Sicht. Auf der einen Seite stehen zwei Punks und warten darauf, dass die Ampel für Fußgänger grün wird. Von der anderen Seite kommt ein Radfahrer über die rote Ampel gefahren, schaut die beiden an und ruft:

»Rebellen, wa?!«

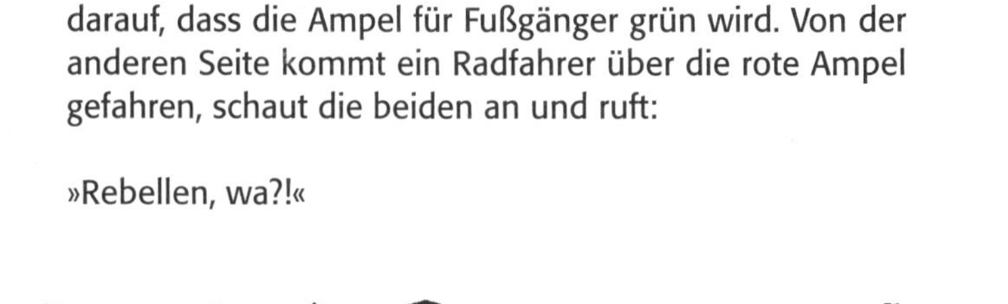

der sprachkönig von mallorca

– Mallorca. Im Bierkönig.

Auf dem Klo spricht der schwarze Klomann mit einem Gast auf Englisch. Als die beiden fertig sind, kommt ein Deutscher zum Klomann.

Gast: »Ey, du sprichst ja viel besser Englisch wie ich.«
Klomann: »Als ich. Ich spreche sogar besser Deutsch ALS Sie.«

heiße mucke für kalte tage

– Kassel. Königsstraße.

In einem Geschenkeladen. Ein Kunde betrachtet eine kleine Blechdose, die einen Mini-Adventskranz darstellt. In die Dose kann man kleine Kerzen stecken. Der Kunde wendet sich an eine Verkäuferin.

Kunde: »Macht das eine Melodie, wenn ich es anzünde?«
Verkäuferin: »Ja, wenn Sie es unter die Wohnzimmergardine stellen, macht es irgendwann tatütata.«

meine mama ist ein karate-hipster

– Berlin-Neukölln.

Pfingstsonntag. Eine Hipster-Frau steht mit einem Herrenrad an einer Ampel, im Kindersitz hinter ihr der ca. dreijährige Sohn mit Fahrradhelm. Eine ältere Frau steht daneben und betrachtet die beiden lange.

Ältere Frau (kritisch): »Sagen Sie mal: Wie steigt man auf so ein Fahrrad, ohne das Kind zu treten?«
Mutter (überlegt kurz): »Weiß ich auch nicht – aber dafür ist ja der Helm da.«

vergütung für verhütung

– Berlin. Fußgängerzone am Kurfürstendamm.

Abschlussfahrt in Berlin. Während wir die Stadt erkunden, laufen wir auf einen obdachlosen Herrn zu. Als wir mit ihm auf derselben Höhe sind, springt er auf, reißt die Arme in die Höhe und ruft:

»Gebt uns Geld für Kondome, damit wir nicht mehr werden!«

don't fuck with studenten

– Jena. Im Bus, Linie 13.

Ein offensichtlicher Erstsemesterstudent betritt den Bus über die Vordertür und spricht den Busfahrer an.

Student: »Entschuldigung, fahr'n Sie über'n Westbahnhof?«
Busfahrer: »Nä!«

Daraufhin wendet sich der junge Mann um mit der Intention, den Bus zu verlassen. Kurz bevor er aus dem Bus tritt, erhebt der Fahrer erneut seine Stimme.

Busfahrer: »Ich fahre nur ZUM Westbahnhof.«

Der Student wendet sich wieder um und antwortet gespielt freundlich.

Student: »Ihre Schuhe sind offen.«

Der Busfahrer schaut darauf nach unten auf seine Schuhe.

Student: »Jetzt kommen Sie sich genauso verarscht vor wie ich!«

statt kleingeld kampfansage

– Bochum.

Punker (zu Passant): »Ey, hömma, hast du mal ein bisschen Kleingeld?«
Passant: »Bub, ich mache in bösen Ländern böse Sachen mit bösen Menschen, und der Staat bezahlt mich dafür. Ich bin in deinen Augen ein Faschist und Imperialist, ich bin alles, was du ablehnst und verachtest. An meinem Geld könnte Blut kleben, du willst es nicht!«

kampfpreise im würgegriff

– Stade. In einer Buchhandlung.

Vor dem Laden beschallt ein Panflötenspieler die halbe Fußgängerzone. Ein Mann schaut sich gerade ein Buch an.

Verkäufer: »Wenn Sie den Panflötenspieler da draußen erwürgen, kriegen Sie das Buch billiger!«

preise im schnellspanner

– Düren. In einem Fahrradgeschäft.

Während eines Verkaufsgesprächs ergibt sich folgender Dialog:

Kunde: »Und, geht bei dem Rad noch was runter?«
Verkäufer: »Ja klar, Sattel und Lenker!«

gra-fiken für geld

– Zürich, Langstraße. Vor einem Wohnhaus.

Im Zürcher Rotlichtviertel. Eine gut aussehende Nachbarin tritt mit einer Laptoptasche im Businessoutfit aus dem Haus. Ein Mann steuert auf sie zu.

Er: »Wie viel pro Stunde?«
Sie: »Webdesign oder Grafik?«

das hat sie jetzt aber gesagt

– Im Regionalexpress von Düsseldorf nach Minden.

Kurz vor Duisburg erreicht die Schaffnerin einen Fahrgast, der sein 4er-Ticket fünfmal abgestempelt hat und damit schwarzfährt. Die Diskussion beginnt. Nach einiger Zeit gibt der Fahrgast auf.

Fahrgast: »Ich finde es unglaublich, dass Sie nicht mal ein Auge zudrücken. Offiziell haben Sie ja recht, aber …«
Schaffnerin: »Ja, inoffiziell bin ich ein Riesenarschloch, ich weiß!«

was für sie das halleluja, ist für ihn hartz IV

– Freital. Vor dem Krankenhaus.

Ein altes Mütterchen steht mit dem *Wachturm* vorm Krankenhaushaupteingang und spricht die Herauskommenden an:

»Was halten Sie von einer Welt ohne Krankheiten?«

Ein junger Mann, den sie auch mit diesem Spruch aufhalten will, bleibt kurz stehen, schaut sie verwundert an und antwortet:

»Eigentlich nichts. Ich bin Arzt.«

irgendwann gehen die komplimente aus

– Hannover. Fußgängerzone Lister Meile.

Zwei Männer mittleren Alters gehen an mir vorbei.

#1: »Da sagte sie zu mir, dass ich älter geworden sei. Da habe ich mich echt gefreut!«
#2 (ungläubig): »Da hast du dich gefreut? Wieso das denn?«
#1: »Andere sagen zu mir immer nur, dass ich dicker geworden sei.«

für den kleinen nur das beste

– Zürich. Auf einem Schiff.

Eine Schiffsrundfahrt auf dem Zürichsee. Am Tisch neben uns speist eine ältere Dame mit Hund. Nach einiger Zeit kommt der Kellner.

Kellner: »Hat es Ihnen geschmeckt?«
Dame: »Ja, ich geb's grad dem Hund.«

früh paart sich, wer papa auf die palme bringen will

– Hage. In einem Lidl.

Vor mir an der Kasse steht ein asozial angehauchtes Paar mit Tochter (ca. zwölf). Im Sonderangebot sind kleine Kokospalmen. Es entwickelt sich folgender Dialog mit der Verkäuferin:

Vater (scherzhaft): »Wann kommen denn bei den Palmen die Kokosnüsse?«
Verkäuferin: »Och, wenn Sie die heute einpflanzen, können Ihre Enkelkinder die ersten essen.«
Tochter (grinsend): »Oh, das dauert nicht mehr lang!«

… sonst könnte er ja gleich playstation zocken

– Bayreuth. Bei einem Mountainbike-Rennen.

Vater zum ca. zehnjährigen Junior. Es geht um den besten Platz, um das Radrennen zu verfolgen.

Vater: »Willst du sehen, wie sie den Berg hinaufstrampeln, oder lieber, wie sie auf der anderen Seite wieder runterrauschen?«
Sohn: »Ich will sehen, wie sie auf die Schnauze fliegen!«

metaxa 0, taxameter 1

– Buchloe. Bahnhofstraße.

Meine Freundin und ich kommen von einer Party heim und laufen die Straße entlang. Auf der gegenüberliegenden Seite steht ein Taxi, eine der hinteren Türen ist offen. Eine Mitfahrerin steht vor dem Taxi und übergibt sich ausgiebig. Von drinnen schreit ihre Freundin:

»Mach schneller, das müssen wir alles zahlen!«

weniger ist nicht immer mehr

– Wolfsburg.

Im Berufsschulunterricht erzählt eine Schülerin kurz vor Weihnachten:

»Zu Silvester soll man ja rote Unterwäsche anziehen, das bringt Glück in der Liebe. Deswegen hatte ich dieses Jahr auch Pech, da hatte ich nämlich keine an.«

vanitas im warenhaus

– Essen. Rewe in der Altenessener Straße.

Eine junge Frau steht vor mir an der Kasse und möchte unter anderem eine Schachtel Zigaretten kaufen. Die Kassiererin schaut erst auf die Schachtel, dann auf die Frau und verlangt anschließend deren Ausweis. Die Frau lächelt freundlich und reicht ihr den Personalausweis.

Junge Frau (beiläufig): »Ja, ja, ich weiß, ich seh' so jung aus …«
Kassiererin (trocken): »Glaub mir, Mädel, auch du kriegst irgendwann Hängetitten, Falten und Krähenfüße.«

so unterschiedlich ist die weltanschauung

– Düsseldorf. In der U-Bahn.

Vater, Mutter und Kind.

Kind: »Was ist ein Messie?«
Mutter: »Das ist ein Mensch, der nichts wegwerfen kann.«
Gleichzeitig der Vater: »Das ist ein Fußballspieler.«

solange sie nicht twittern will ...

– Frankfurt am Main. Im Bus.

Zwei Mädels Anfang 20 unterhalten sich. #2 studiert offensichtlich nicht in Deutschland. Sie sind beim Thema Auslandskosten für das Telefonieren.

#1: »Na, zum Glück gibt es Skype. Hat das deine Mutter?«
#2: »Schon. Meine kleine Schwester hat es ihr neulich installiert. Aber die Begriffe scheinen sie zu verwirren. Sie schreibt mir immer eine E-Mail mit dem Betreff ›Lass uns mal googeln!‹«

teuflische ansage

– Im Radio.

Während einer Sportsendung im SWR3. Der Papst weilt gerade in Deutschland. Die Moderatorin kommentiert die regionalen Vereine:

»Die Freiburger können froh sein, dass sie auswärts spielen, denn der Papst ist heute in Freiburg, und dort ist heute *(stockt kurz)* … die Hölle los.«

die eierlegende wollmilchsau war ausverkauft

– Berlin. Hauptbahnhof.

Eine Frau bestellt an der Theke eines Bäckers.

Kundin: »Ich hätte gern einen Chicken-Beagle!«
Verkäuferin: »Was soll'n das sein, 'n Hund mit Federn? So was hamwa hier nich!«

deutsche sprä̈che, schöne sprä̈che?

– São Paulo (Brasilien). In einem Hostel.

Ein Australier betritt das gemischte Badezimmer des Hostels, in dem sich bereits ein deutsches Pärchen befindet und sich unterhält. Im Eingang bleibt der Australier stehen.

Australier (besorgt): »Hey guys, why are you fighting?«
Deutscher (gelassen): »No, we're just speaking German.«

diese zahl ist ein echter zungenbrecher

– Ludwigshafen. Im Restaurant Hemingways.

Es geht um die Bestellung. Da die Speisen meist spanische Namen haben, ist ein Gast sich nicht sicher in der Aussprache.

Gast: »Bevor ich das falsch ausspreche, zeig ich lieber drauf.«
Bedienung: »Ah, o. k., die 62.«

grammatik ist ihm wurst

– Köln. Hauptbahnhof.

In den Arkaden. Ein südländisch aussehender Mann Mitte 20, mit großem Reisekoffer, bestellt sich eine Bratwurst im Brötchen.

Verkäufer: »Senf dazu?«
Mann (mit starkem Akzent): »Ja … Entschuldigen Sie, wie ist der Artikel von Senf?«
Verkäufer (im schönsten Asi-Rheinisch): »Mit oder ohne … Senf!«

seitenscheitel: das no-go auf jeder faschingsparty

– Lemgo. Im Klinikum.

Vor dem Zubettgehen sitzt ein älterer Herr im Badezimmer vor dem Spiegel. Die Pflegerin ist ihm beim Kämmen behilflich (der Mann hat eindeutig einen natürlichen Seitenscheitel).

Mann: »Sie wollen mich wohl mit der Frisur zu Germany's next Hitler machen, was?!«

verbaler gegenschlag

– Mönchengladbach. Im Café Heinemann.

Am Nachbartisch unterhält sich eine sehr resolut wirkende ältere Dame (ca. 80) mit einer jungen Frau (20 bis 30), vermutlich ihre Enkelin. Es geht um nervtötende Schülerhorden, die nach Schulschluss den Bus stürmen, mit dem auch die ältere Dame nach dem Einkauf wieder nach Hause fährt.

Die 80-jährige: »Und weißt du: Wenn die dann frech werden, dann muss man sich wehren und deren Sprache sprechen. Neulich sag ich zu einem: ›Verzieh dich, du Mongo!‹«

generationen-seitensprung

– München. Krankenhaus Nymphenburg.

Die ca. 20-jährige Schwesternschülerin versorgt eine 93-jährige Patientin. Während der ganzen Prozedur schaut die ältere Dame grantig vor sich hin.

Dame: »Darf ich Ihnen eine persönliche Frage stellen?«
Schülerin: »Natürlich, ich muss sie ja nicht beantworten, wenn sie mir zu persönlich ist.«
Dame: »Gehen Sie mit meinem Mann fremd?«
Schülerin: »Na, der einzige Mann aus Ihrer Familie, mit dem ich fremdgehen würde, ist Ihr jüngster Enkel!«

da haben sie schlechte karten

– Regensburg. Im Supermarkt.

Ein älteres Paar berät über eine Beileidskarte.

Sie: »›Aufrichtige Anteilnahme‹ oder ›Herzliches Beileid‹?«
Er: »Das können wir beides nicht nehmen, die wissen doch, dass das glatt gelogen ist!«

nur dr. brenner hat dieses vierlagige

– Seelze. In einer Arztpraxis.

An der Anmeldung steht ein älterer Herr und spricht mit der Arzthelferin.

Sie: »So, Herr Doblenski, Sie können nun nach Hause gehen.«
Er: »Nee, nee, nee, vorher geh ich noch mal kacken.«

feels like home

– Ludwigshafen am Rhein. In der S-Bahn.

Ein Ehepaar, dem Aussehen und englischen Dialekt nach aus Südasien (Indien, Pakistan), ist offenbar auf dem Weg zu einer Touristentour in die Weinstraße. Sie blickt aus dem Fenster und sieht die Schrebergarten-Siedlung an der Bahnlinie. Daraufhin wendet sie sich zu ihrem Mann und der restlichen Reisegruppe:

»Look! They have really beautiful slums here!«

ende gut, alles gut

– Hamburg. Osterstraße.

Im Bus Linie 4. Eine ältere Dame jenseits der 70 steigt in den Bus und begrüßt einen ebenso alten männlichen Fahrgast.

Er: »Na, Lotte, wie geht's?«
Sie (für alle hörbar): »Gut, gut. Mein Mann ist tot.«

Betretenes Schweigen bei den umstehenden Fahrgästen.

Er: »Na siehste, wird doch.«

aus fünf sex machen

– Cottbus. Bürofachhandel in der Wilhelm-Külz-Straße.

Ein Kunde bezahlt an der Kasse und bekommt von der Kassiererin einen funkelnagelneuen 5-Euro-Schein zurück.

Der Kunde hält ihn ins Licht und sagt: »Der wird doch wohl echt sein?«
Kassiererin: »Ich habe mir heute Nacht Mühe gegeben!«
Kunde: »Das wird Ihren Mann gefreut haben …!«

wenn es nacht wird im supermarkt …

– Leipzig. In einem Kaufland.

Ein junger Mann fragt eine Aushilfskraft in der Gemüseabteilung.

Kunde: »Entschuldigung, wo gibt's hier passionierte Tomaten?«
Verkäuferin: »Drittes Regal links, gleich neben den leidenschaftlichen Gurken.«

die gestiefelte hautkrankheit?

– Hamburg. In einer Kaffeebar in der Burchardstraße.

Barista bemerkt beim Servieren Kratzer auf der Haut eines Stammkunden.

Barista: »Was hast du denn gemacht?«
Kunde: »Meine Neurodermitis.«
Barista: »Komischer Name für eine Katze.«

hamma antwort!

– Hamburg.

Während des Kirchentags. Eine Mutter und zwei Töchter (ca. neun und elf) sitzen in der U-Bahn an der Station »Hammer Kirche«.

Tochter #1: »Die Hamburger sind aber arrogant! Bei denen ist alles Hammer: Hammer Brücke, Hammer Straße, Hammer Kirche!«
Tochter #2: »Quatsch! Da ist doch das Werkzeug Hammer gemeint! Das, was du meinst, schreibt man mit a! Hamma!!«

sie werden demokratie nie verstehen

– Bad Kissingen. Auf dem Marktplatz.

Helfer eines NPD-Infostands kommt auf einen Passanten zu.

Helfer: »Sie! Wir brauchen Ihre Stimme!«
Passant: »Ich glaube nicht, mein Name ist Sergej!«

Der NPD-Helfer zieht sich verlegen zurück.

yolo-feeling für lateiner

– München. In einem Dönerimbiss.

Zwei Teeniemädchen stehen in der Schlange.

#1: »Da hat mir dieser Typ so ›Carpe diem‹ auf mein Heft geschrieben!«
#2: »Krass … und was heißt das?«
#1: »Keine Ahnung … so was wie YOLO, glaub ich!«

ich bin ein besonderling!

– Brühl bei Köln. Im Deichmann.

Ein Vater (ca. Anfang 40) ist mit seinen beiden Söhnen unterwegs. Beide sollen neue Schuhe bekommen. Der Ältere (ca. 15 Jahre) hat sich offensichtlich gerade für ein Paar Schuhe entschieden. Der Kleinere (ca. zwölf Jahre) nörgelt seinen Vater an.

»Och, Papa! Der soll nicht die gleichen Schuhe haben wie ich! Ich will eigenartig sein!«

Vater (trocken): »Junge, du BIST eigenartig! Was du willst, ist, einzigartig zu sein!«

die kennt ihre poppenheimer

– Duisburg-Kaiserberg. Im Kindergarten.

Eine äußerst entrüstete Mutter eines Vierjährigen beschwert sich eines Morgens bei der Leiterin unseres Kindergartens.

Mutter: »Unser Phillip kam gestern nach Hause und hat von ›ficken‹ gesprochen! Das kann er nur hier aus dem Kindergarten haben.«
Kindergartenleiterin: »Unsere Kinder sagen nicht ›ficken‹, die sagen ›bumsen‹!«

mit jedem zeigerschlag dem anfall näher

– Bonn. In der U-Bahn.

Ein Opa wartet auf eine der letzten U-Bahnen des Tages nach Köln. Als die Bahn mit viel Verspätung einfährt, zeigt der Opa wild pochend mit dem Finger auf seine Armbanduhr. Die U-Bahn hält, der Fahrer kommt aus dem Führerhaus, geht auf den Opa zu und fragt ihn laut:

»Donnerwetter, neue Armbanduhr?«

auf den apfel gebracht

– Ludwigsburg. In einer Apotheke.

Älterer Herr: »Ich bräuchte was fürs Immunsystem.«
Apotheker: »Nebenan ist Markt. Kaufen Sie sich dort 'nen großen Apfel!«

herzensbrecherin der anderen art

– Wien. Café Sperl.

Zwei ältere aufgetakelte Damen unterhalten sich angeregt und sehr lautstark über die Krankheiten in ihrer Familie.

Dame (laut, schnell und mit schriller Stimme): »MeinMannhatHerzrhythmusstörungenseitwirunskennen!«
Darauf ein zeitungslesender Gast vom Nebentisch: »Wen wundert's?«

nehmen sie mein geld, oder ich schieße!

– Hamburg-Horn. Filiale der Hamburger Sparkasse.

Ein Mann vor mir am Einzahlschalter.

Mann: »Ich müsste Geld auf das Konto von XY überweisen.«
Sparkassenfrau: »Das kostet per Direktüberweisung 5 Euro.«
Mann: »Das geht nicht. Das Geld, was ich dabeihabe, ist alles für die Überweisung. Mehr habe ich einfach nicht, und es ist einfach superwichtig!«
Sparkassenfrau: »Dann kann ich nichts für Sie tun.«
Mann: »Ich schwöre, wenn ich eine Pistole dabeihätte, würde ich die jetzt ziehen.«
Sparkassenfrau: »Wie viel wollen Sie überweisen?«

zu hause spielt er dann mit seinen großen puppen

– München. In einer Nebenstraße.

Während eine Mutter mit ihrem ca. fünfjährigen Sohn die Straße entlangläuft, parkt ein Stück vor ihnen ein Mann seinen Kleinwagen ein. Der ca. 1,90 große Mann steigt aus und stellt fest, dass er zu dicht an dem hinter ihm stehenden Auto geparkt hat. Um den Motor nicht für wenige Zentimeter noch einmal anlassen zu müssen, öffnet er die Fahrertür wieder, stellt seinen rechten Fuß auf das Kupplungspedal, lehnt sich gegen den Rahmen des Wagens und beginnt, mit dem linken Fuß sein Auto anzuschieben. Im selben Moment laufen die Mutter und ihr Sohn vorüber, der Sohn beäugt das Schauspiel sehr verwundert.

Junge: »Mama, was macht der Mann denn da?«
Mann (trocken): »Siehst du das nicht? Ich spiele mit meinem großen roten 800-Kilo-Tretroller.«

meinungsverschiedenheiten der dritten art

– Berlin.

An einem Sonntagmorgen. Die Zeugen Jehovas schauen vorbei, mein Mann versucht, sie vor der Wohnungstür abzuwimmeln.

Er: »Wenn Sie mich fragen, sind Sie Verbrecher, und die Bibel ist der allergrößte Scheiß.«
Zeuge Jehovas: »Das sieht die Bibel aber anders.«

dann aber hurtig!

– Landau an der Isar. Vor der Marienkirche.

Der Pfarrer der Gemeinde wird nach langen Jahren der Seelsorge von der Gemeinde verabschiedet. Eine alte Frau ist sehr traurig über den Weggang des beliebten Seelsorgers.

Alte Frau: »Ich hatte immer gedacht, dass Sie mich noch beerdigen werden.«
Pfarrer (im Seelsorgerton): »Liebe Frau Arnim, ich bin ja noch 14 Tage hier.«

pack die regenjacke ein

– Erlangen.

Ich belausche ein Kundengespräch in einem Reisebüro.

Berater: »… und was genau stört Sie genau an der Regenzeit?«
Kunde: »Der Regen?!?«

vor lauter latte den milchkaffee nicht gesehen

– Berlin. In einem Starbucks-Verschnitt in der Friedrichstraße.

Ein Kunde hat den Laden betreten und schaut die Tafel mit den Heißgetränken an. Nach ein paar Minuten geht er zur Theke. Es kommt zu folgendem Gespräch:

Verkäufer: »Was darf es denn sein?«
Kunde: »Einen Kaffee bitte!«

Der Verkäufer dreht sich zur Tafel um und studiert sie genauestens. Dann dreht er sich wieder zum Kunden.

Verkäufer: »Ich glaube, das könnte schwer werden!«

daddy uncool

– Balingen. Auf einem Spielplatz.

Ich beobachte eine junge Familie. Die zwei kleinen Töchter (ca. sieben und neun) umkreisen ihren Vater. Die Kinder schreien immer wieder zum Vater:

»Klein, dick und hässlich!«

Darauf die Mutter entrüstet: »Er ist nicht klein!«

standardfrisur bieberkopf

– Bremen. In einem Friseursalon.

Junge (ca. 13) sitzt auf dem Frisierstuhl.

Friseurin: »Na, wie hättest du's denn gerne?«
Junge: »Keine Ahnung, irgendwas halt.«
Friseurin: »Also so wie Justin Bieber.«
Junge (läuft rot an): »Ja, äh, genau so.«

sie merkt es gar nicht mehr

– Putgarten. In einer Bungalowsiedlung.

Wir sitzen beim Frühstück draußen. Die Nachbarn auch, nur deren Kind rennt schreiend um den Bungalow herum. Als es der Mutter zu viel wird, brüllt sie dem Kind hinterher:

»Komm sofort hierher, sonst droh ich dir!«

falscher kunde, falsche frage

– Neunkirchen/Saar. An einer Tankstelle.

Ein Kunde (#1) kommt in die Tankstelle und fragt den Kassierer, ob er den Schlüssel zur Toilette bekommen könnte. Der Kassierer übergibt ihm den Schlüssel und wendet sich einem anderen Kunden (#2) zu.

Kunde #2: »Ich hätte gerne ein Päckchen Marlboro.«
Kassierer: »Groß oder klein?«
Kunde #1 (dreht sich noch mal um): »Äh, eigentlich muss ich nur klein.«

krosses missverständnis

– Bei einem Bäcker in der Steiermark.

Eine deutsche Kundin kauft Brötchen.

Kundin: »Ich hätte gerne zwei Brötchen, aber bitte schön kross!«
Verkäuferin: »Bei uns san alle Semmeln gleich groß!«

ghetto-goethe

– Köln. In der S-Bahn.

Ein ca. 16-jähriges Mädchen liest ein Buch. Bekleidet ist die junge Dame unter anderem mit weißen Kunstlederstiefelchen und der stilistisch passenden Restaufmachung. Als sie an eine besonders lustige Stelle ihrer Lektüre kommt, rutscht ihr spontan raus:

»Höhööö, watt'n Assi, der Faust!«

reden ist silber, schneiden ist gold

– Aschaffenburg. Bei einem Friseur.

Ein etwas genervter Kunde ist endlich dran und setzt sich in den Stuhl.

Der überschwängliche Friseur: »Na, Herr Gesswein, wie schneiden wir Sie denn heute?«
Kunde: »Schweigend!«

er wäre wohl gerne ihr vorleser

– Paderborn. In einem Fitnessklub.

Eine blonde, hübsche Frau trainiert an einer Beinmaschine. Dabei muss sie nach hinten austreten, gehalten wird sie von einem Polster im Bauchbereich, sodass der Oberkörper weit nach vorne ragt. Ihr Dekolleté ist so üppig wie offenherzig, und jeder, der Augen hat, kann sehen, dass ihr Busen mit Schriftzeichen tätowiert ist. Ihr gegenüber sitzt ein schmächtiger Junge untätig an einer Kraftmaschine. Er starrt die Frau an, bis sie es bemerkt.

Sie: »Is was?«
Er: »Ich … ich möchte dich gern …«
Sie hört auf zu trainieren und richtet sich auf: »Jahaa?«
Er: »… lesen?«

schneidiger fahrer

– Berlin.

Die Straßenbahn steht an der Haltestelle und ist bereits im Begriff weiterzufahren. Eine Frau mit Blumenstrauß in der Hand kommt über die Straße angerannt und schafft es gerade noch, hineinzuspringen, bevor die Türen schließen. Die Türen sind zu, die Straßenbahn fährt aber nicht los. Der Straßenbahnfahrer kommt aus seiner Kabine und kann nur schwer vor Lachen an sich halten.

Straßenbahnfahrer: »Na, dat wärn ja fast Schnittblumen jeworden, wa?!«

so bindet man kunden langfristig

– Düsseldorf. In der Kneipe Engelchen.

Es ist noch früh am Freitagabend, als zwei Mädels (ca. 15) die recht leere Kneipe betreten. Der Wirt tritt an den Tisch, um die Bestellung aufzunehmen.

Wirt: »Was darf's denn sein?«
Mädel: »Zwei Jack-Daniels-Cola bitte!«
Wirt: »Alles klar!«

Der Wirt betritt den Bereich hinter der Theke, wischt ein wenig durch und sorgt für Ordnung. Nach ungefähr 20 Minuten kommt er noch mal am Tisch der Mädels vorbei.

Sie: »Tschuldigung, ich glaub, du hast unsere beiden Jacky-Cola vergessen.«
Wirt: »Nö, hab ich nicht, ich warte nur, bis ihr 18 seid.«

every piss you take – der neue hit von »police«?

– Köln. Zu Karneval in einer Nebenstraße.

Eine Gruppe von fünf jungen Männern uriniert nebeneinanderstehend an eine Hauswand. Ein Streifenwagen der Polizei hält an, zwei Polizisten steigen aus. Der Beifahrer des Wagens ruft ihnen laut und vernehmbar zu.

Polizist: »Polizei!«

Daraufhin dreht sich einer der Jungs um und sagt seelenruhig:

»Nee, nee, wir sind nicht von der Polizei, wir pinkeln hier nur hin.«

eine nummer zu groß

– Bottrop.

Ein sehr heißer Sommertag. Eine junge Frau, mit einem trotz ihrer großen Oberweite extrem weit ausgeschnittenen Neckholder-Oberteil, steigt in einen Bus vorne beim Fahrer ein. Sie möchte ein Einzelticket kaufen, hat aber nur einen 20-Euro-Schein dabei, den sie vor sich in Brusthöhe hält. Der Fahrer, der sowieso auf Augenhöhe der Oberweite sitzt, starrt so zwangsläufig auf den Busen der Frau. Die Frau nennt die Zielhaltestelle, ist sich aber nicht sicher wegen des Scheines.

Frau (vorsichtig fragend): »Zu groß?«
Busfahrer (mit starrem Blick): »SEEEHHHR GROSS!!!«

komische nummer

– Hamburg-Altona. Vor dem Mercado.

Ich sitze mit meiner Freundin im Café. In der Fußgängerzone versucht ein junger Mann, Passanten ein Zeitschriftenabo anzudrehen, gerade einer jungen Frau (ca. 19).

Typ: »Ich bräuchte dann noch Ihre Kontonummer.«
Frau: »Okay, dann schreiben Sie ma' auf: eins ... zwei ... drei ... vier *(der Mann guckt schon verwirrt)* ... fünf ... sechs ... sieben ... acht ... neun ... zehn.«
Typ: »Woll'n Sie mich hier verarschen, oder was?!«
Frau: »Wollen Sie gerade meine Kontonummer?«
Typ: »Ja!«
Frau: »Gut, dann wollte ich Sie auch verarschen.«

Sie geht und lässt den irritierten Mann stehen.

heute die frau, morgen die welt

– Berlin. U-Bahnhof Berliner Straße.

Ein Pärchen kommt die Treppe vom oberen Bahnsteig herunter, sie stolpert und droht böse zu stürzen. Ihr Partner greift reaktionsschnell und geschickt ein, nichts Schlimmes passiert. Sein Kommentar:

«So ein Mist, da kann man EINMAL den Helden spielen und dann bei der eigenen Frau.«

gut getimt, schlecht gelaunt

– München-Feldmoching. In der S-Bahn.

Ein älteres Ehepaar schafft es gerade noch so in die S-Bahn Richtung Flughafen, indem sie sich in die Tür zwängt und er mit zwei Koffern im Schlepptau hinterhersprintet.

Sie: »Mei, des woar aber knapp. Wir hättn doch früher losfahrn solln!«
Er (schnauzt zurück): »Des woar ned knapp! Des woar TIMING!«

als staubsauger hat er sich nicht bewährt

– Heppenheim. Im Media Markt.

Ein Ehepaar (Mitte 40) lässt sich in der Haushaltswarenabteilung von einem Angestellten beraten. Es läuft eine Alt-gegen-Neu-Aktion. Beim Kauf eines Neugerätes bekommt das Ehepaar Rabatt, wenn es ein altes Gerät zurückgibt.

Verkäufer: »Haben Sie denn nichts Unnützes im Keller?«
Mann: »Doch, unseren Sohn.«

DIE LAUSCHER

23a.e.acerea Achmed Achsel Acuaria Adalbert Adamzyk Adolar Adolar Adri Adrian Adromir Aenea Agent Agentin76 Akiko Al Albatross Albert Albrecht Alessa Alex Alexander Alexandra Alger alice Alina Aline Alisa Alissa Aljona Alle-BelauschtHomies Alma almontcole Alo Amanda Ana Anchorwoman Andi Andrea Andreas Angelika Angelina Angelo Anika Aninka Anja Anja Anke Anna Annabell AnnCa Anne annebeier Annegret Anne-Kathrin Anni Annica Annie AnnikaAnton Ann-Kathrin anonym Anton Antonia Apfel Apfelwurm Arik Arit Arkaner Arman Arne Arning Arno asc Asrael assibraze auroraborealis13 Axel AXL axl Aya Ayatolla B.kati Banane Bandita Barbara basch094 Basti Bastian Beate Becher bee Bee Bekka Bekki Bella Ben Benedict Benjamin Benni Benny Beobachter Berlin Bernd Bernhard Bert Bettina Betty Bewer biba Bigfut50 Bine Birdie Birgit Blaubärchen Blödl Blubberjan bodhi bomaus Börni Botasky Brabbit brechmittel BremerButjer Briddel Brigitte Bro Brot Bryan Budapest Bumpin Burckhard Burkhard Buslauscher C.A. C.R. Calla Camilla Carina Carl Carmen Caro Carola Carolin Caroline CarS carsten Carsten Cascara Cassie Cat Cataya Cathi caty Celina Celine CemeteryKeeper ceres cf chahbani Channi chaosbiest Charlie Charlotte Chaya Chinchilla Chiya Chregi chrimis Chris Chrissi Chrissie Christian Christiane Christiano Christin Christina Christine Chris-Tiny Christof Christoph christoph Christoph Christopher ck Clara Claudi Claudia Claus Coernl Colombo Constantin Constanze Corina cornelia CorneliaBG crazy CrazyOlli Cris crushedcookie cynthia Dadoid Dan Dani Daniel Daniel2410

Daniela danielschreiner Dank Dario Dark Dark77 Darkstalker das DasHasi datenbaer Dave David Debilor Dedi Dehnert Den Denise Dennis deralbatrossistabgeschmiert derBelauscher DerHier DerOLF derombe desinvolture desp23devinside Didi Dieter Dine Dirk Dirk Doby DocSnyder Doctor DomDom Dominic Dominik Don donkey Doreen Dorin Doris Dorit Dörte Dreschke Dresdnerin drivingnorth DrKananga DrunkenKakadoo dschonstar Du Dürener E.W. Easylord Ebaw Egon egon Eike einkleines EiP el Ela ela Ela Elbchen Eli Elise Eliza Elke Ellfriede Elli Ellix Elmar Emanuel Emanuele Emi Engel Engelchen Ensona Enza Eric Erie Erklärbär Ernie Ernst Esslingen Eva eva.k. Eve Evelyn Fabian Fahrgast Falk Fam.Seitz Farina FCKFan fckteufel Fehn Feli Felicitas feliflex Felix fenna FFM_Pendler Flitzer Flo Florian Floyd fluppl FNG Foma Fooly føtex-ftw, Frank Franzi Franzii Franziska Fräulein Freddy Freddy Fredi Frenni Friebe froekle Fuchs Funky Fuselx Gabriel Gambassi Garamond GästeHonk Gaston Gebauer Georg George Geral Gerald Gerd Gero Gerrit GertderHeld Gianluca Gianpaolo gina girl_on_fire Gizzü Glede Glenn Glenn Gravity77 Greaser Gregor Grisu Guido Gunnar Günther guy Guy HafenBesucher Haggy Hamburger Hanna Hannah hanne hAnNEs Hannes hanns Hanns Hans hansen Hans-Jürgen Harald Harry HarryB Häxchen Heide Heike Heiko Heiner Heinz Heinz.Bomm Helmut Hendrik HenkSchmitz Henner Henni Henning Henrik Henry Hermione Herr Herr.Müller Hess Heti Hildy Hinten HOA Holger Holtsmichel Homer horse Horst Hotte HR Humel Huni Hutgesicht Ich ich Icke Ida Idgie IheartLG ike Ildiko illef illusion Ilo imad Ina incognito Info Inga IngaIngmar Inka Inkognito iocus IriasYrenee Isabel Isabelle Iser ITSEmann Itsi Jack Jacki Jacky JanJana jane Janine Janna janni Jarko Jasmin Jasper JayP Jeanne Jeannine Jekob Jennifer Jenny Jens Jess Jessi Jessica Jessy jie Jimmy Jo Joachim Jochen jodelino Joe Jogi Johanna Johanna Johanna JohannW John jojo1408 Joky Jonas Jopp

Jörg Jorge JörgJörn Josch Joscha Joschal Josefowicz Josephine josh_tisser Joy JudithJudith-chan Julchen Jules Juli Julia Juliane junisonne Jürgen JuTheFu Jvles Kader Kai Kali Kalle Kampfschwein Ka-oS Karin Karina Karl Karla Karnevalsjeck Karsten Kate katha Katharina Kathrin Kati katinka Katja Katrin katy katz Kay Kaya KeronKenken Kerstin Kevin Kiki kiki Kilian killerkarlo Kim KingCrunch Kinomi Kirsten Klimpke kloose Knusperfelix Knut Knute Kollege Konne Konrad Konstantin Kopfsalat kreatuerlich Kri kri Krisch Kristin Kristina Krytax Kultsonne Kuno KVBAboKundin Kyrill LadyLunatic Lagaffe Lale Langdon Langfurter Lars laubfrosch3 Laura Laurel lauschear Lauscher layale Lebeouf lee Leela Leers Leha Lehmann Leif Lemmi Lena Lenevieve Lennart Leo leoni Leonie Leyla Liebisch Liham Lilli Lilly Lina Linda lindauer Lisa Liz LoboTobi lone loosing Lordy lotosqueen Louise lousypoetry LuCa Lucas Lucy Lucy-Ann luise Lukas Lukey Lulu321 lusyblom Luthien lutz luuluu Lux Lydia lydia lynn M.Kerker Machmalalla Machmut macwoern Macwoern Mado11 MaDSaM Mag Maike malluc Malte mama manchmalarmdran Manfred Manuel manuela Manuela Mapache Mara Marburgbesucher Marc Marco Marcus Mareike Maren Maria Marie marie Marina Mario Marion marion Marius Mark Markus Marlene Marmota marsch Martin Martina Marvin Mateusz Matt Matter Matthias Matze Mausi Max Maxi maxi Maximilian MaxSonic May mb Mc.Murphy Meike Meike Mel Melanie Melli Melomana Merle Mgier Mich Micha Michael Michel Michi Mieke miela mihra Mike Mina Mine MioMaschi Miri Miriam MiriAndré Mirija Mirjam Mischö MissBehave MistressMiez MM Mo MoeMoe molotow Mone Monika MontyPython Morge Morlin Morrighan Morrighan MP_94 MrsG10 mupfel Muttis&Vatis n8wish Nadine Nane Nanni Nathalie Neglectis Nele nelly_pappkarton neo67 NeoBlack Nerd Neuköllnerin Nici Nick Nickelodeon Nico Nicolai nicole Nicole Nicoletta NiebuhrNightlife Niggo Niko Nikoo Nils nina

Nina Ninia Nisi Nöly Nonym Nym O' offenesOhr ohr Olaf olive Oliver Olivia OLLI Olli Onan Onkel Opiela Osman Osterhase Overkill Pajato Passopp patient Patrick Patty paul Paul Pawelski PelzigeNasenWurst Pete petefi Peter Peter.U. PeterShaw Petra Pfirstinger phasE Phil Philip Philipp philipp Pia Pianodude Pick Pimpinella Planegg PlasticBertrand plaudertasche pois pollo Poly psy R2D2 Rabea Racho Raimondi Rainer Ralf Ramona Ramonsti rana Ratte Raudulfr Rebecca Reinhold Rena Renate Rene rho RichiO rico Rieder rieke Rieke RiesenradDiebin Riko Ringrocker07 Rita Ritti rob-by Robert Robin RobsenRocco Roland Rolf Roman Ronaldo Rosi Roxy Rüdiger Runte Ruprecht Rwplayer rykandi S.Tiedjen Sabine Sabrina Sam Samantha Samenström Samuel Sandra Sandy Sane Sara Sarah Sasa Sascha Sash sauerland Scherzwaffel Scherzwaffel schlummel Schlumpfine Schmich Schmitz schneeröster Schoschies Schulte schwesta seb Sebastian Selm sep sersch Severinaskellington Sganarell sharo ShenShen Shristina shsc sideburns Simon Simon.Mayr Simone Sina Sirii Sisu Smeik Smilla Snn Snowwulf Solneman Solneman Sonja sonja Sophia Sören Sorin Soso Spam spaziergänger Speedy Spooky Sporleder sprite69 stabil Stark Stasihasi Stefan Stefan Stefanie Steff Steffen Steffi Stephan Stephanie Steve Steve SteveO Stiefel Stille Stine stocki Strassenbahn Student StuttgarterSusanne subasebi suender summerson Sun Sunny Superstar Suse susy Sven Svorn T.Igelmund Tamer Tamina Tangerine tanja Tanja Tarya Tasya tatiana Tatjana Tay Teacher2711 Thadeus TheRabbit Thilo Thomas Thommy Thorsten Tiffany tikara Till Tilly Tim Timo Timotion Tina Tinka Tinker Tino Tjerry Toastbrot-m-m Tobi Tobias Todd tom Tom Tomas Tommes Tommy toni Toni Tonie Torsten Toxic tracy Tristan Trixi Trolla Tsoggy TT Tudl Tummy Tytonida U-Bahnlauscher Uhltak Ulf Uli ulla Ulli Ulrike unglaublichesGroßohr uschi Uwe Uyar Vale Vanessa vanGoo Vegas Vera Verena vergissmeinnicht Vic Victoria Vicy Vielen vika vinaigrette Vitralette Vivi VolkerVonuns Vossey vw Wahlhelfer Walddespot Walter Waltraud werbwolf Wettervogel WhaleMan Wiebke Wiener Wieny wiky Wilfried Willy Wilson wir WM wohlstandskind Wolf Wolfgang wolfundhase Wuscheline Xenia Xtrada xy Yannick Yasmin ÿbi Yeti yeti Yohanna Yvonne zaphod99 zara zebra Zielscheibe zotti zugfahrer ZugfahrerRE7 Zugvogel zuhoerer Zulu Zwockel

Ortsregister